D1748994

Nationalpark Hohe Tauern
Oesterreichischer Alpenverein (Hg.)

Gerhard Karl Lieb
Heinz Slupetzky
DIE PASTERZE

VERLAG ANTON PUSTET

Nationalpark Hohe Tauern
Oesterreichischer Alpenverein

DIE PASTERZE
DER GLETSCHER AM GROSSGLOCKNER

Nationalpark Hohe Tauern

ÖAV Oesterreichischer Alpenverein

Wege ins Freie.

Impressum

Bibliografische Information der Deutschen Nationalbibliothek
Die Deutsche Nationalbibliothek verzeichnet diese Publikation
in der Deutschen Nationalbibliografie; detaillierte bibliografische
Daten sind im Internet über http://dnb.d-nb.de abrufbar.

©2011 Verlag Anton Pustet
5020 Salzburg, Bergstraße 12
Sämtliche Rechte vorbehalten.

Gastautoren: Martin Geilhausen, Susanne Gewolf, Peter Haßlacher, Andreas Kellerer-Pirklbauer, Paul Kirchlechner, Robert Lindner, Kurt Nicolussi, Hubert Sauper, Wolfgang Schöner, Lothar Schrott

Mitarbeit: Katharina Aichhorn, Walter Gruber, Viktor Kaufmann, Michael Krobath, Bodo Malowerschnig, Peter Rupitsch, Katharina Schmiedjell, Willi Seifert, Wolfgang Sulzer

Grafik, Satz und Produktion: Tanja Kühnel
Lektorat: Martina Schneider
Coverfoto: Daniel Zupanc

Druck: Druckerei Theiss, St. Stefan im Lavanttal
Gedruckt in Österreich

ISBN 978-3-7025-0652-0

www.pustet.at

Inhaltsverzeichnis

Vorwort der Herausgeber — 8

Einführung — 10
Pasterze und Großglockner, eine Hochgebirgslandschaft der Superlative

Die Gletscher der Alpen und ihre Bedeutung — 13

Gletscherhydrologie der Pasterze: Die Gletscher schmelzen – verändert sich der Wasserkreislauf im Hochgebirge? (Paul Kirchlechner) — 16

Gletscher als Naturphänomen und Anzeiger des Klimawandels — 20

Gletschergeschichte der Pasterze – Spurensuche in die nacheiszeitliche Vergangenheit (Kurt Nicolussi) — 24

Die Anfänge – Wie der Mensch die Pasterze „entdeckte" — 28
Prähistorische Almwirtschaft und slawische Benennung

Die Pasterze taucht in Urkunden und Karten auf — 31

Belsazar Hacquet „ebnet" den Weg ins Hochgebirge — 32

Das Glocknergebiet – Eroberung und Erforschung (Robert Lindner) — 34

Von der Erstbesteigung des Glockners zum Beginn der Gletscherforschung — 38
Kein Auge für die Pasterze

Die ersten Forscher konzentrieren sich auf die Pflanzenwelt — 39

Erzherzog Johann macht sich über die Gletscherbewegung Gedanken — 41

Erste gute Gletscherkarten zum Höhepunkt des 1850er-Vorstoßes: Czykanek und die Brüder Schlagintweit — 45

48	*Das Gletschervorfeld der Pasterze –*
	Pioniere und Spezialisten am Rande des Eises (Susanne Gewolf)
52	**Gletscherforschung und Alpinismus etablieren sich**
	Kaiserlicher Besuch als touristischer Motor
57	Das Umfeld der Pasterze wird durch Schutzhütten erschlossen
62	Neue Methoden zur Ästhetisierung der Landschaft: Geoplastik und Fotografie
64	Ferdinand Seeland und der Beginn der regelmäßigen Gletschermessungen
66	**Die Zugriffe von außen nehmen zu: Der Weg zum Massentourismus**
	Albert Wirth rettet die Pasterze
67	Schutz und kartografische Dokumentation:
	Die Pasterze unter der Obhut des Alpenvereins
70	Massentourismus am „Ufer" der Pasterze – die Glocknerstraße
76	*Familiengilde im Eisgefilde: Die Pasterze und das Schicksal der*
	Familien Pichler und Sauper aus dem Oberen Mölltal (Hubert Sauper)
80	**Pasterze und Großglockner im nachkriegszeitlichen Wirtschaftsboom**
	Die erste Monografie über die Pasterze: Viktor Paschinger
82	Erste Höhepunkte multidisziplinärer Forschung
86	*Das Gletschervorfeld der Pasterze – ein Kleinod*
	mit botanischen Kostbarkeiten (Susanne Gewolf)
88	Die Energiewirtschaft bemächtigt sich des Schmelzwassers der Pasterze
92	Der Großglockner als eines der Herzstücke des österreichischen „Alpenmythos"
94	Massentouristische Erschließungspläne
96	Das Messnetz zum Monitoring wird vervollständigt
100	*Die Pasterze und der Alpenverein – Von Albert Wirth bis zum*
	30. Geburtstag des Nationalparks Hohe Tauern (Peter Haßlacher)

Der Weg in die Postmoderne: Freizeitgesellschaft, massiver Gletscherschwund und der Durchbruch im Gebietsschutz Die Pasterze als Teil des ersten österreichischen Nationalparks	106
Der Gletscherweg Pasterze, ein Projekt für Bildung zur nachhaltigen Entwicklung	109
Große Projekte der Gletscherforschung und Gedanken zum „Fehlen" der Frauen an der Pasterze	112
Die Massenbilanz der Pasterze: Vom Vergehen des Ewigen Eises *(Wolfgang Schöner)*	118
Der Gletscherschwund verändert die Landschaft und das gewachsene Wege- und Routennetz	122
Der Sandersee an der Pasterze – vom Werden und Vergehen *eines Gletschersees (Martin Geilhausen und Lothar Schrott)*	126
Die Gletscherzunge der Pasterze verschwindet unter Schutt *(Andreas Kellerer-Pirklbauer)*	136
Was bringt die Zukunft? Die Entgletscherung des Pasterzenraums wird sich fortsetzen	140
Glockner und Pasterze werden Ziele des Massentourismus bleiben	143
Mögliche Strategien für einen nachhaltigen Weg in die Zukunft	146
Wappentiere der Hohen Tauern *(Robert Lindner)*	148
Anhang	152
Literaturverzeichnis	154
Bildnachweis	158

Vorwort der Herausgeber

Peter Rupitsch, Direktor des Nationalparks Hohe Tauern – Kärnten
Peter Haßlacher, Leiter Raumplanung-Naturschutz beim Oesterreichischen Alpenverein

Die Pasterze und der 3789 m hohe Großglockner sind nicht nur nationale Symbole der Hochgebirgslandschaft, sondern auch Sinnbilder des Naturschutzes. Im Jahr 2011 darf dieses landschaftliche Ensemble rund um den größten Gletscher Österreichs gleich mehrere bedeutende Jubiläen begehen, zu denen der Oesterreichische Alpenverein und der Nationalpark Hohe Tauern mit diesem Jubiläumsband gratulieren dürfen: 40 Jahre liegt die „Heiligenbluter Vereinbarung" als Basis für die Errichtung des Nationalparks Hohe Tauern zurück, vor 30 Jahren hat die Kärntner Landesregierung den Kärntner Anteil des Schutzgebiets offiziell zum Nationalpark erklärt und vor 10 Jahren wurde der Kärntner Anteil durch die IUCN (Internationale Union zum Schutz der Natur und der natürlichen Ressourcen) offiziell als Schutzgebiet der Kategorie II (Nationalpark) anerkannt.

Heute sind diese goldenen Haine des Naturschutzes zentraler Bestandteil des 1856 km² großen Nationalparks Hohe Tauern, der sich über die Bundesländer Kärnten, Salzburg und Tirol erstreckt. Es ist nicht einfach, die herausragende und vielfältige Bedeutung dieser Hochgebirgslandschaft in wenigen Sätzen zu würdigen. Der Ausgangspunkt der naturschutzbezogenen Geschichte dieser Eis- und Hochgebirgswelt war die Schenkung des Villacher Holzindustriellen Albert Wirth im Jahr 1918. Er überantwortete dem Oesterreichischen Alpenverein rund 40 km² Grund und Boden im Bereich um Großglockner und Pasterze mit dem Wunsch, dass dieses Gebiet als „Naturschutzpark" erhalten bleiben möge. Durch den konsequenten Einsatz des Oesterreichische Alpenvereins sowie weiterer Mitstreiter wurde die Basis dafür bereitet, die in der „Heiligenbluter Vereinbarung" im Jahr 1971 durch die drei Landeshauptleute von Kärnten, Salzburg und Tirol niedergeschrieben wurde – die Errichtung des Nationalparks Hohe Tauern, des ersten in Österreich. Bis die Weichen für die Erfolgsgeschichte des größten Schutzgebietes Mitteleuropas gestellt werden konnten, waren heftige Widerstände zu überwinden und zahlreiche Angriffe auf dieses Gebiet abzuwehren. Heute zählt die Region um Großglockner und Pasterze zu den am besten geschützten Hochgebirgsräumen der Erde! Der Einsatz für die Unterschutzstellung und Bewahrung des Gebietes war eine Triebfeder für die Integration des Naturschutzes im Oesterreichischen Alpenverein sowie die gesamte Nationalpark- und Schutzgebietsbewegung in Österreich. Die Region um Pasterze und Großglockner hatte einige Generationen zuvor bereits auf einem anderen Gebiet Geschichte geschrieben, das untrennbar mit dem Oesterreichischen Alpenverein verbunden ist – dem Alpinismus. So war fast auf das Jahr genau die Wende vom 18. zum 19. Jahrhundert der Startschuss für die verwegenen Bergsteiger der ersten Stunde, um mit ihren Bergfahrten die höchsten Gipfel im heutigen Hochgebirgsnationalparkgebiet zu erklimmen. Wie Lebensadern durchzieht die Glocknergruppe heute ein umfangreiches Netz an Wegen und Schutzhütten. Die Aufrechterhaltung der gewachsenen alpinen Infrastruktur liegt dem Oesterreichischen Alpenverein wie dem Nationalpark Hohe Tauern in diesem Kernraum der alpinistischen Entwicklung besonders am Herzen.

In den letzten 150 Jahren ist die Pasterze unter der Patronanz des Oesterreichischen Alpenvereins auch zu einem Schwerpunkt der Gletscherforschung geworden. Zusammen mit vielen weiteren wissenschaftlichen Untersuchungen hat man heute ein sehr gutes Bild über die Vergangenheit, die Gegenwart und die zukünftige Entwicklung der Pasterze. Genauso bewegt und dynamisch wie die Geschichte um das Werden des Nationalparks Hohe Tauern war, ist die Veränderung des Gletschers selbst. Die Bergsteiger der alpinistischen Pionierzeit konnten bei ihren Bergfahrten in der Glocknergruppe noch die nacheiszeitlichen Gletscherhochstände gegen Mitte des 19. Jahrhunderts bewundern, in denen die Pasterze ein beeindruckender Panzer aus Eis und Schnee war. Die Klimaveränderung hat dem Gletscher in den letzten 150 Jahren stark zugesetzt. Ein großer Teil der Gletscherzunge ist heute grau und von Schutt bedeckt, weite Gletscherflächen sind eisfrei geworden. Diese Veränderungen stimmen jene Menschen betrüblich, für die weiß leuchtende Gletscherflächen zu den nicht wegzudenkenden Naturschönheiten von Hochgebirgslandschaften zählen. Für viele Wissenschaftler sind diese Prozesse aber auch spannende Betätigungsfelder. Etwa für solche, die sich mit dem „Werden" in dem vom Eis preisgegebenen Neuland beschäftigen oder ergründen wollen, was genau sich derzeit noch unter der Pasterze verbirgt und in den nächsten Jahren und Jahrzehnten ans Tageslicht gelangen wird. Entlang des vom OeAV im Jahre 1983 eingerichteten Gletscherweges Pasterze kann man im Atem des Eisstromes die Faszination und Dynamik der Gletscherlandschaft aus nächster Nähe beobachten.

Der Oesterreichische Alpenverein und der Nationalpark Hohe Tauern werden auch zukünftig mit größtmöglichem Einsatz für den Erhalt und das qualitätsvolle Erleben dieser einzigartigen Hochgebirgslandschaft um die Pasterze einstehen und wünschen viel Freude mit diesem Jubiläumsband.

Stellvertretend für die vielen Autoren, die zu dieser Publikation beigetragen haben, bedanken wir uns bei Gerhard Karl Lieb und Heinz Slupetzky in besonderem Maße.

Einführung
Pasterze und Großglockner, eine Hochgebirgslandschaft der Superlative

Der Großglockner und die Pasterze bilden zusammen ein Landschaftsensemble, das sich im Lauf der Zeit zu so etwas wie dem Inbegriff österreichischer Hochgebirgslandschaft entwickelt hat. Wie es zu dieser ganz besonderen Wertschätzung gekommen ist, wird für den Großglockner bereits in zahlreichen Büchern erklärt, für die Pasterze versucht es nunmehr der vorliegende Band. Nicht, dass Österreich sonst arm an spektakulären Hochgebirgslandschaften wäre – zwischen Gesäuse und Silvretta gäbe es genügend Szenerien, die von sich aus das Zeug zum alpinen Nationalsymbol hätten. Aber es waren der spezifische Pfad der kulturhistorischen Entwicklung, die relativ zentrale Lage im österreichischen Alpenraum und die vorhandenen Superlative, die letztlich dazu führten, dass das Großglockner-Pasterzen-Gebiet zur Ikone der österreichischen Alpen hochstilisiert wurde. Was sind nun diese Superlative?

■ Am bekanntesten ist sicherlich die Tatsache, dass der Großglockner (3798 m) der höchste Berg Österreichs ist. Da über ihn die Grenze zwischen Tirol und Kärnten verläuft, ist er zugleich auch der jeweils höchste Berg dieser beiden Bundesländer. Diesen Status hat der Großglockner – im Westen Österreichs übrigens auf der zweiten, im Osten auf der ersten Silbe betont – jedoch erst seit 1919 inne, als mit dem Vertrag von St. Germain das heutige Territorium Österreichs aus der Konkursmasse der k. u. k. Monarchie entstand. Zuvor war der Ortler (3905 m) in Südtirol (heute Italien) der höchste Berg. Interessanterweise wurde jedoch bereits zu Beginn der alpinistischen Erschließung – die mit der Erstbesteigung des Großglockners im Jahr 1800 einen ersten Höhepunkt erreichte – dem „Glockner" mehr Aufmerksamkeit zuteil als dem Ortler.

■ Allen Abschmelztendenzen zum Trotz ist die Pasterze nach wie vor der größte Gletscher nicht nur Kärntens und Österreichs, sondern der gesamten Ostalpen – man muss nach Westen bis ins Berner Oberland gehen, um einen größeren Gletscher zu finden. Als aktuelle Kenngrößen der Pasterze werden für das Jahr 2006 eine Länge von 8,3 km, eine Fläche von 17,3 km^2 und ein Volumen von 1,7 km^3 angegeben. Wie jeden Superlativ kann man auch diesen infrage stellen. So wurde von einigen Autoren der Gepatschferner in den Ötztaler Alpen als größter Gletscher postuliert, was sich jedoch aufgrund der seit Ende der 1960er-Jahre durchgeführten inventarmäßigen Erhebungen aller Gletscher Österreichs als nicht haltbar herausstellte.

■ Als Superlativ hat schließlich auch noch die Großglockner-Hochalpenstraße zu gelten. Mit einer Scheitelhöhe von 2504 m (Hochtortunnel) stellt sie nach wie vor den höchsten mit Autos befahrbaren Pass in Österreich dar (gefolgt vom Timmelsjoch mit 2478 m, dem Übergang vom Ötztal ins Südtiroler Passeier). Allerdings gilt das nur für Pässe, denn in den österreichischen Alpen sind längst höher gelegene Punkte – in zwei Gletscherskigebieten der Ötztaler Alpen – mit Privatfahrzeugen erreichbar. Unabhängig davon ist jedoch die Glocknerstraße, wie sie in der Regel kurz genannt wird, nicht zuletzt dank ihrer besonderen Geschichte immer noch die österreichische Gebirgsstraße schlechthin.

Erster Superlativ – der Großglockner (3798 m), der höchste Berg Österreichs

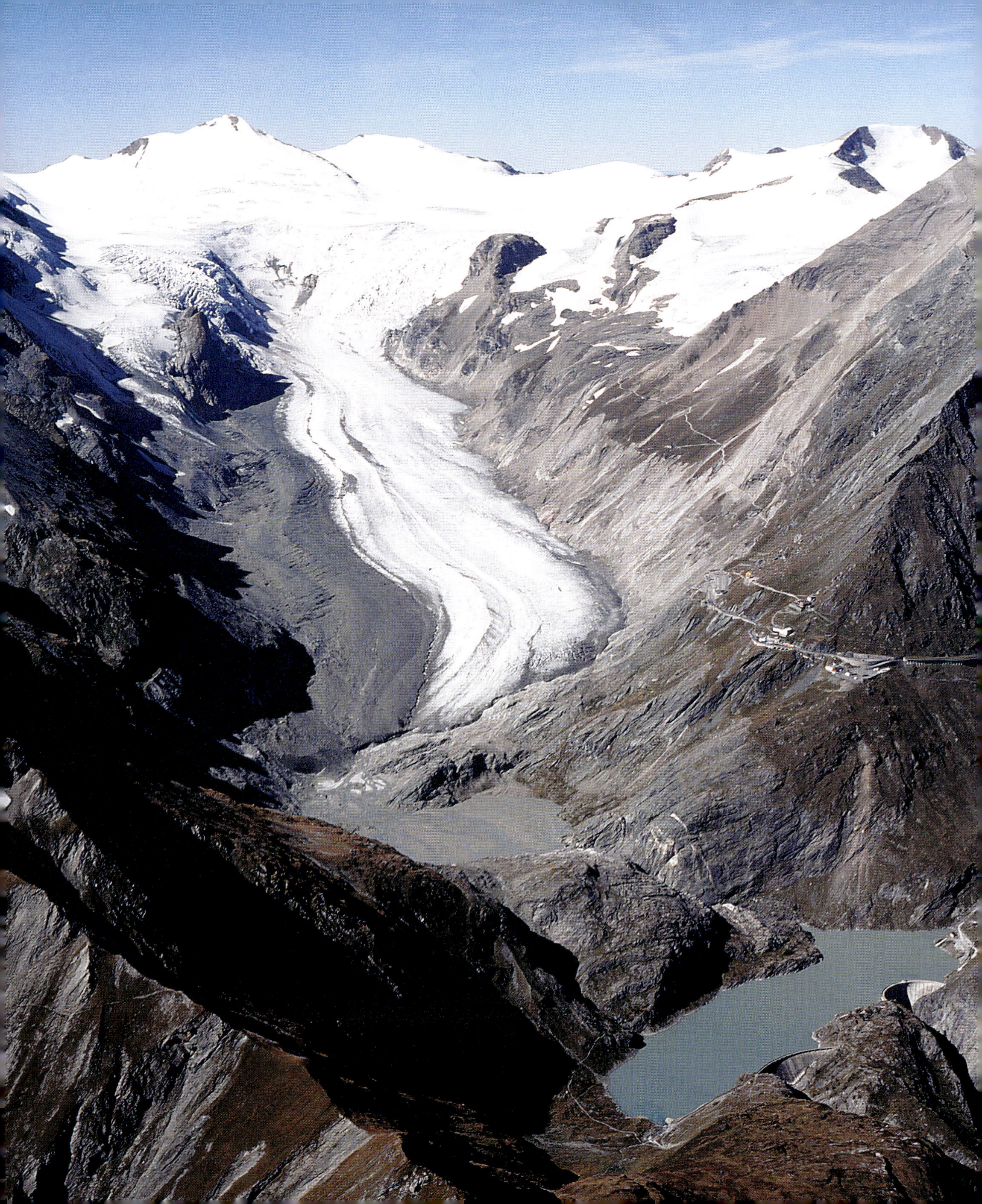

Zweiter Superlativ – die Pasterze, immer noch eindrucksvoll, der flächengrößte Gletscher Österreichs und der Ostalpen. Vom schneeweißen Nährgebiet in der Gipfelregion bis zur Gletscherzunge ist das Eis jahrhundertelang talabwärts bis zum Gletscherende unterwegs (linke Seite).

Dritter Superlativ – die Großglockner-Hochalpenstraße, die höchste Passstraße Österreichs (2504 m); Gletscherstraße zur Franz-Josefs-Höhe.

In der Tat kommen den Besucherinnen und Besuchern gerade bei einer Fahrt entlang der Glocknerstraße alle Elemente der Hochgebirgslandschaft in nicht nur „fachlich" perfekter, sondern auch in ästhetisch überaus ansprechender Weise ins Blickfeld. Hierbei könnte man sich sogar zu der These versteigen, dass eine „österreichische Bergästhetik" wohl stark von der „Modellregion" Großglockner und Pasterze geprägt worden sein dürfte. Man durchfährt die verschiedenen Höhenstufen von der bergbäuerlichen Kulturlandschaft bis hinauf ins Reich des „ewigen Eises", dessen Ewigkeit allerdings noch hinterfragt werden muss. Man sieht außerordentlich große Reliefenergien (das sind relative Höhenunterschiede, wobei die 2413 m zwischen der Mautstelle Ferleiten und dem Gipfel des Großen Wiesbachhorns auf nur knapp mehr als 4 km Horizontalentfernung als österreichischer Rekord gelten). Weiters gehören Steilflanken, Felswände, bizarre Gipfelgestalten, Bäche, Wasserfälle und Seen dazu und natürlich die Gletscher als Zierde der Berge.

Ist diese Zierde für das ästhetische Gesamterscheinungsbild von so zentraler Bedeutung, dass bei ihrem Verschwinden das ganze Hochgebirge unattraktiv wird?

Die Gletscher der Alpen und ihre Bedeutung

„Die Alpen ohne Firn und Eis – früher kaum vorstellbar, in Zeiten der globalen Erwärmung aber ein Szenario, das nicht mehr ausgeschlossen werden kann. In keinem anderen Gebirge ist der Lebensraum der Menschen stärker verflochten mit den Gletschern als in den Alpen. Die frühe Auseinandersetzung mit ihren Gefahren, aber auch ihrem Nutzen begründete hier die Glaziologie, eine Geowissenschaft, die durch den Klimawandel globale Bedeutung erlangt hat."

Diese Sätze stehen ganz am Beginn des Buches „Gletscher der Alpen" von Jürg Alean aus dem Jahr 2010[1] und formulieren einige wichtige Aspekte der Bedeutung der Gletscher für den Menschen. Bevor wir jedoch auf diese näher eingehen, seien einige statistische Angaben aus diesem Buch wiedergegeben. Demnach existierten um das Jahr 2000 alpenweit rund 5000 Gletscher mit einer Gesamtfläche von rund 2400 km², wovon der Löwenanteil mit 43 Prozent auf die Schweizer, 23 Prozent auf die italienischen, 19 Prozent auf die österreichischen und 14 Prozent auf die französischen Alpen entfallen. Die Kleingletscher des deutschen und des slowenischen Alpenanteils machen zusammen unter 1 Prozent aus. Die Gletscher nehmen damit in allen Alpenstaaten, bezogen auf deren Gesamtflächen, nur bescheidene Anteile ein (in Österreich etwa 0,5 Prozent), erfreuen sich also einer weit über ihre flächenmäßige Bedeutung hinausgehenden Wertschätzung.

Dies beruht zum einen auf der erwähnten Wahrnehmung der Gletscher als schöne Landschaftselemente, eine Folge der seit dem ausgehenden 18. Jahrhundert um sich greifenden Ästhetisierung des Hochgebirges im Zuge der Aufklärung – ein Prozess,

Die Geschichte der Pasterze ist seit der Mitte des 19. Jahrhunderts eine Geschichte des Gletscherschwundes. Am Weg zum Gletscher informieren Tafeln über die Lage des Eisrandes in verschiedenen Jahren.

[1] Alean, J., 2010: Gletscher der Alpen. – Haupt Verlag, Bern, Stuttgart, Wien, 267 S.

dessen Spuren man am Beispiel der Pasterze beobachten kann. Damit in Zusammenhang sind die Gletscher auch eine Ressource für den Fremdenverkehr, wobei man zwischen deren Funktion als bloße Kulisse ästhetischen Erlebens und als Objekt der Sportausübung unterscheiden muss. Die zuletzt genannte Funktion wird durch den herrschenden Gletscherschwund substanziell gefährdet, weil die zugehörigen Aktivitäten – im Wesentlichen handelt es sich um Eisklettern und Gletscherskilauf – in der ursprünglich intendierten Form nicht oder nur unter großen Einschränkungen durchführbar sind. Da es sich hierbei jedoch um Nischenaktivitäten handelt, kann davon ausgegangen werden, dass der Massentourismus im großen Stil nicht unbedingt der Gletscher bedarf.

Der zweite große Bereich der Nutzung der Gletscher ist die Wasserwirtschaft, im speziellen die Elektrizitätsgewinnung durch die hochalpinen Speicherkraftwerke. Diese funktionieren nach dem Prinzip, dass in hoch gelegenen (in der Regel künstlich angelegten) Speicherseen Wasser zurückgehalten wird, das bei Bedarf – besonders im Winter – unter Ausnutzung der großen Höhenunterschiede über Turbinen geleitet und zu Strom umgewandelt werden kann. Diese seit der Zwischenkriegszeit in größerem Stil nutzbare Technologie hat den Nachteil, dass man Strom nur für Spitzenlastzeiten (Zeiten mit hohem Stromverbrauch) produzieren kann, demnach zusätzlich Kraftwerke braucht, die den Bedarf der Grundlast (Zeiten mit Normalverbrauch) abdecken. Gerade im Glocknergebiet haben wir mit der Kraftwerksgruppe Kaprun ein klassisches Beispiel für ein solches Speicherkraftwerk. Zu diesem Themenfeld ist jedoch anzumerken, dass sich die Speicherseen keineswegs wegen der Gletscher in den Hochgebirgslagen befinden, sondern wegen der hier hohen Niederschlagsmengen und der großen energetisch nutzbaren Höhenunterschiede (Fallhöhe). Allerdings bietet die Gletscherschmelze eine zusätzliche Wasserspende für die Stauseen.

Der letzte, bei Alean angesprochene Aspekt, die von Gletschern ausgehenden Naturgefahren, spielen – so viel kann vorweggenommen werden – an der Pasterze nur eine relativ geringe Rolle. In gesamtalpiner Perspektive waren es jedoch gerade Überflutungen und Vermurungen, welche von Gletschern ihren Ausgang nahmen und die Aufmerksamkeit der Menschen auf die Gletscher lenkten. Hierzu gehören die Ausbrüche von Eisstauseen – im hinteren Ötztal durch eindrucksvolle Dokumente seit dem Anfang des 17. Jahrhunderts bezeugt – oder von Wasserstuben (Wasseransammlungen in Hohlräumen des Gletschers), wofür die katastrophale Flut von St. Gervais-les-Bains am Mont Blanc 1892 das wohl bekannteste Beispiel ist. Hinzu kommen noch Eisstürze aus Hängegletschern, die es durchaus auch an der Pasterze gibt, die hier aber keine Bedrohung der Infrastrukturen darstellten.

Leicht erreichbare Gletscher wie die Pasterze gelten als touristische Attraktionen, die jeden Sommer von vielen Menschen besucht werden.

Gletscherhydrologie der Pasterze: *Die Gletscher schmelzen – verändert sich der Wasserkreislauf im Hochgebirge?*

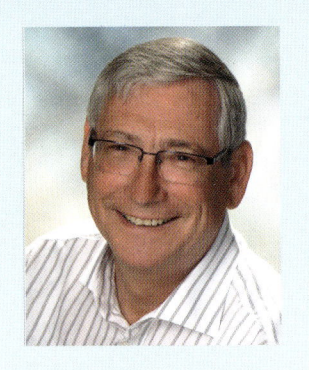

Paul Kirchlechner

Studium der Physik mit den Schwerpunkten Glaziologie, Meteorologie. Als Hydrologe der Verbund Hydro Power AG seit 1981. Arbeiten im Bereich der Planung und Beweissicherung von Wasserkraftwerken sowie Leitung und Durchführung von Forschungsprojekten für Hochwasser, Lawine, Klima und Trinkwasserversorgung.

Beim Austritt des Baches an der Pasterzenzunge, wo alles Schmelz- und Niederschlagswasser des Gletschers und seiner Umgebung zusammenfließt, liegt der Ursprung der Möll. Diese ist ein Gletscherbach, für welchen jahres- wie tageszeitliche Schwankungen im Abflussgeschehen charakteristisch sind. Gletscher beeinflussen den Wasserkreislauf im Hochgebirge erheblich, sie speichern in Jahren mit Massenzuwachs einen Teil des festen Niederschlags und reduzieren damit den Abfluss. In Jahren mit Massenverlust geben sie die Gletscherspende als zusätzlichen Anteil in den Abfluss. Aufgrund der jahrzehntelangen Nutzung des Pasterzenwassers zur Stromerzeugung weiß man über die natürlichen Prozesse im Einzugsgebiet gut Bescheid. So können gesicherte Aussagen über die zukünftige Entwicklung des Abflusses der Pasterze und die Auswirkungen auf das Zuflussgeschehen in die Speicher getroffen werden.

Die Hohen Tauern waren schon Ende des Ersten Weltkrieges Gegenstand von Planungen zur Nutzung der alpinen Wasserkräfte. Im Einzugsgebiet von Kaprun waren dafür mit einem Höhenunterschied von 1200 m und einer Tallänge von nur 10 km ideale Voraussetzungen gegeben. Im Mai 1938 hat man mit den Vorarbeiten und mit der Einrichtung der Baustellen für die Kraftwerksgruppe Glockner-Kaprun begonnen. 1955 war das Gesamtsystem mit Hauptstufe und Oberstufe Kaprun fertiggestellt. Mehr als 60 Prozent des in den Speichern Mooserboden und Wasserfallboden gesammelten und für die Stromerzeugung verwendeten Wassers stammen von der Südseite des Tauernmassivs, vorwiegend aus dem Einzugsgebiet des Pasterzengletschers. Es wird über einen 11,6 km langen Stollen vom Margaritzenspeicher zum Mooserbodenspeicher übergeleitet. Die Kraftwerke erzeugen einerseits Strom zur Abdeckung der täglichen und wöchentlichen Bedarfsspitzen, andererseits ermöglichen die hochalpinen Großspeicher das Sammeln von Wasser im Sommer für die Stromerzeugung im Winter, wenn mehr Strom benötigt wird.

Nicht nur heute, sondern schon während der Planung der Kraftwerke wurden der Einfluss und die Rückwirkung der ständigen Gletscherschwankungen auf den Kraftwerksbetrieb diskutiert. Horrormeldungen wie „Pasterzenschwund gefährdet die Kraftwerke" waren in der Presse zu lesen und dämpften damals die Hoffnungen, die in das Wahrzeichen des österreichischen Wiederaufbaus nach dem Zweiten Weltkrieg gesetzt wur-

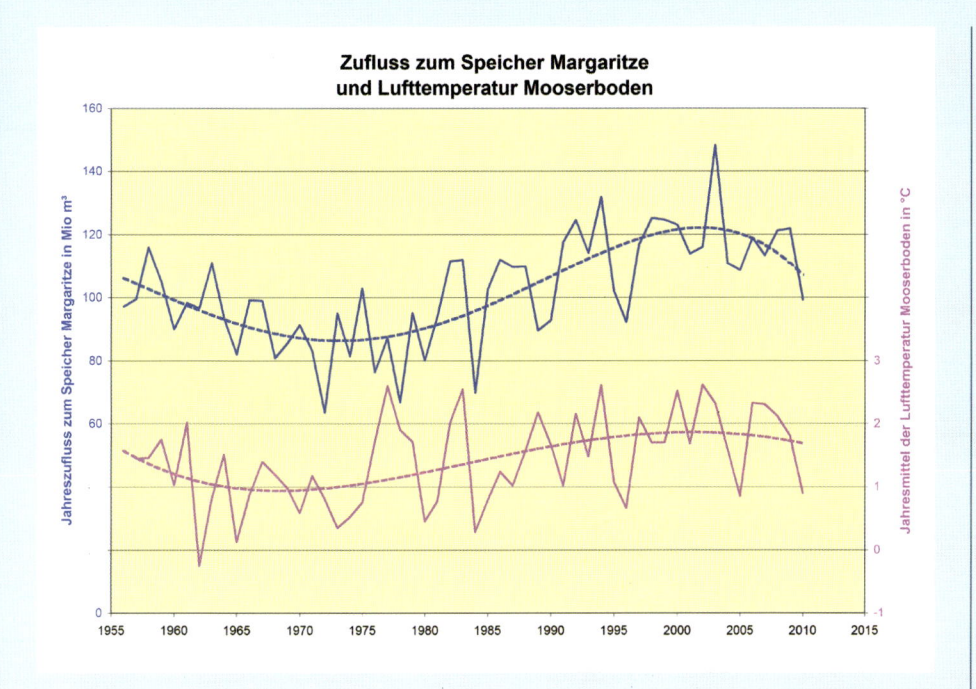

Zufluss zum Speicher Margaritze und Lufttemperatur Mooserboden

Der Verlauf der Lufttemperaturen (rote Linie), gemessen an der meteorologischen Station Mooserboden (2036 m), zeigt einen Anstieg seit 1980. Das Einzugsgebiet des Speichers Margaritze ist zu etwa 45 Prozent vergletschert. Die Jahreszuflüsse in diesen Speicher (blaue Linie) spiegeln die Variation der Gletscher-Abschmelzungsraten. Der Periode 1965–1985 mit niedrigen Schmelzraten folgen Jahre mit hoher Schmelzwasserproduktion.

den. Aber diese Befürchtungen können klar widerlegt werden.

In einem ausgeglichenen Gletscher-Haushaltsjahr ist in einem (vergletscherten) Einzugsgebiet der Jahresabfluss etwa gleich groß wie der mittlere gefallene Jahresniederschlag. Der Niederschlag wird in der kalten Jahreszeit als Schnee gespeichert und in den wärmeren Monaten als Schmelzwasser wieder abgegeben. In positiven Haushaltsjahren wird mehr Niederschlag gespeichert, als Wasser im Abfluss abgegeben wird. In negativen Haushaltsjahren wird mehr Wasser von den gespeicherten Massen abgegeben, als durch Niederschlag hinzukommt.

Seit dem Höchststand der Gletscher um das Jahr 1850 nimmt die Pasterze aufgrund der klimatischen Veränderungen kontinuierlich an Eismasse ab. Das in früheren Zeiten im Gletscher gespeicherte Wasser wird nun allmählich wieder in den Abfluss abgegeben und erhöht diesen damit um den Betrag des zusätzlichen Eisschmelzwassers. Diese zusätzliche Gletscherspende wird es solange geben, bis der gesamte Speichervorrat der Pasterze aufgebraucht und der Gletscher verschwunden ist. Danach werden sich die Abflussverhältnisse so einstellen, wie sie heute schon in allen anderen unvergletscherten Hochgebirgsregionen zu beobachten sind. Der Winterniederschlag wird als Schneerückhalt in den höheren Regionen gespeichert und kommt als Schneeschmelze in den Frühjahrsmonaten zusätzlich zu den direkt abfließenden Niederschlägen in den Abfluss.

Rechte Seite: Das 44,4 km² große Einzugsgebiet des Pasterzengletschers vom Großglockner (3798 m) bis zum Margaritzenspeicher (2000 m).

a Vgl. Beitrag von Wolfgang Schöner

Visualisierung des Einsinkens der Eisoberfläche – diese lag unterhalb der Hofmannshütte am Gamsgrubenweg – im Jahr 2010 gegenüber 1852 rund 270 m tiefer, das ist die doppelte Höhe des Stephansdomes in Wien.
Zeichnung: M. Krobath

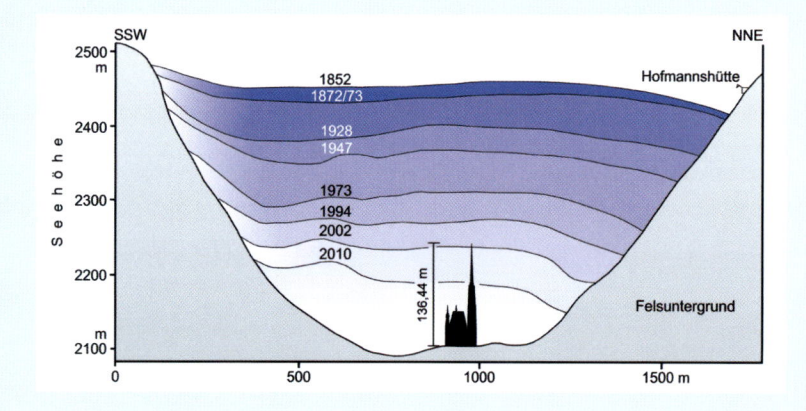

Die Größe des Einflusses von Gletscherspenden auf den Abfluss hängt vom Betrachtungspunkt ab. Unmittelbar an der Gletscherzunge ist der Einfluss am größten. Je weiter weg vom Gletscher der Betrachtungspunkt ist, desto geringer wird der Einfluss der Gletscherspende auf den Abfluss, da der prozentuelle Anteil der Gletscherfläche im Einzugsgebiet abnimmt.

Die Abflüsse der Pasterze wurden seit 1956 als Zufluss zum Speicher Margaritze kontinuierlich gemessen, daher liegen sehr verlässliche Daten vor. Das Einzugsgebiet des Speichers ist 44,4 km² groß, die Pasterze hatte 1956 eine Ausdehnung von etwa 20 km² und heute von rund 17 km². Damit ist die Vergletscherung von 45 Prozent auf 40 Prozent zurückgegangen. In den letzten 55 Jahren lagen die Zuflüsse zum Margaritzenspeicher zwischen 64 und 148 Millionen m³ Wasser, im Mittel bei 102 Millionen m³ pro Jahr. Die abflussarme Periode bis zum Jahr 1985 ist gut erkennbar, darauf folgen Jahre mit hoher Schmelzwasserproduktion (Grafik S. 17). Die gemessenen Jahresmittel der Lufttemperaturen der Station Mooserboden (2036 m), welche in unmittelbarer Nachbarschaft zur Pasterze nördlich des Alpenhauptkammes liegt, sind den Abflusswerten gegenübergestellt. Die Lufttemperatur ist ebenso wie die Abschmelzung stark von der eingestrahlten Sonnenenergie abhängig. Diese Abhängigkeit zwischen Abfluss und Temperatur gilt jedoch nur so lange, wie es Gletscher im Einzugsgebiet gibt. In den letzten Jahren wurden Massenbilanzbestimmungen der Pasterze mit hoher Genauigkeit durchgeführt.[a] Zieht man den Massenverlust der Pasterze von den Zuflussmengen in den Speicher Margaritze ab, so erhält man den Zufluss aus dem Einzugsgebiet, so als wäre dieses unvergletschert. Dieser beträgt 95–100 Millionen m³ pro Jahr, ist also nur um 15–20 Prozent geringer als der heutige Gesamtabfluss. Der Einfluss der verminderten Gletscherspenden auf die Wasserführung von Salzach und Donau, also unterhalb der Kraftwerksgruppe Glockner-Kaprun, ist nur mehr sehr gering und spielt energiewirtschaftlich keine Rolle.

Auch bei einer Verringerung der Abflüsse um 15–20 Prozent aus einem vergletscherten Einzugsgebiet im Sommer würden die Hochgebirgsspeicher nicht an Bedeutung verlieren, weil auch in Zukunft die Speicherwirkung mit einer Verlagerung des Niederschlagswassers von den Sommer- in die Wintermonate notwendig und sinnvoll ist.

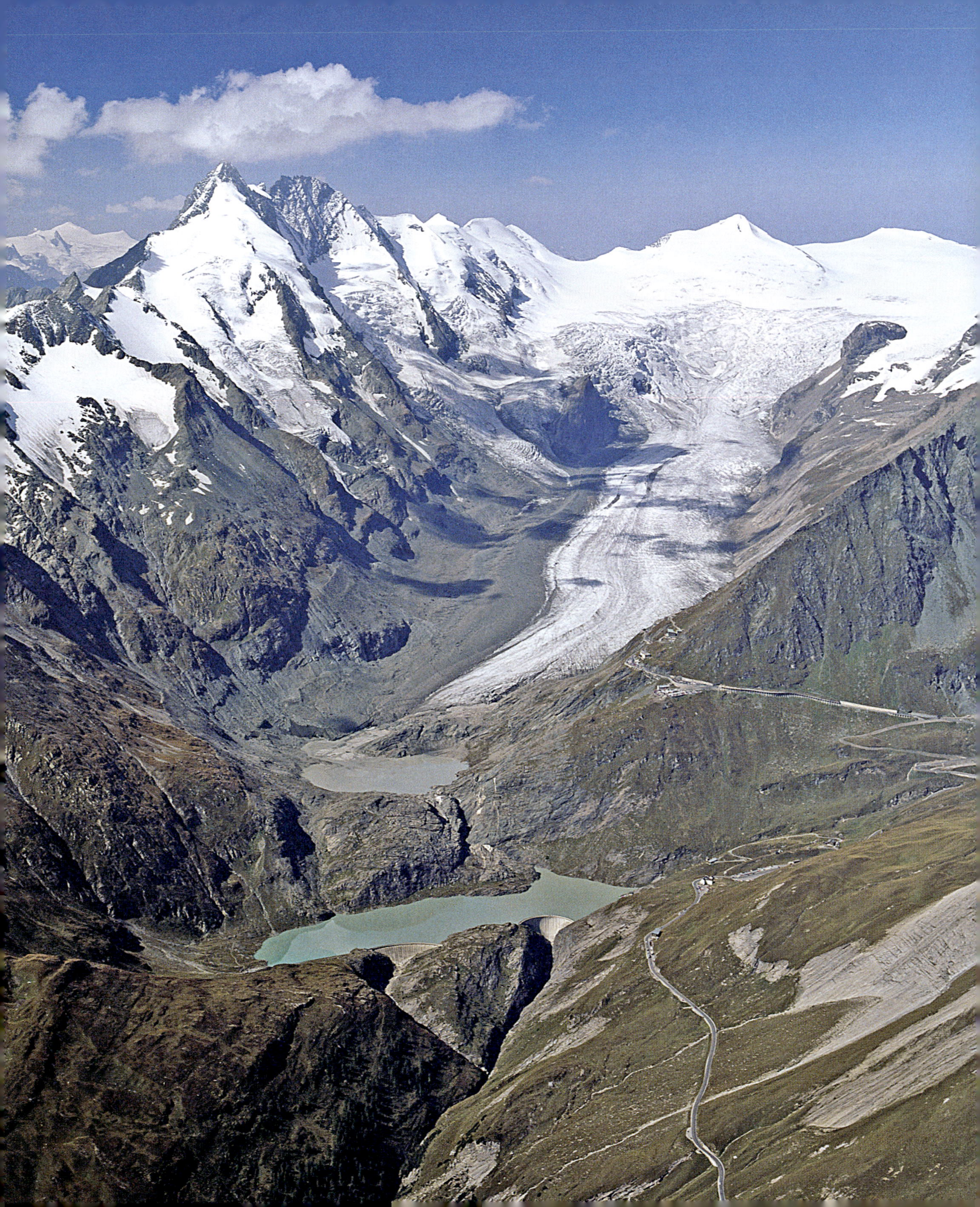

Beim Überfließen der Felsstufe unterhalb des Obersten Pasterzenbodens reißen im Eis unzählige Spalten auf und bilden den eindrucksvollen „Hufeisenbruch" – hier im Blick vom Mittleren Burgstall zum Johannisberg.

Gletscher als Naturphänomen und Anzeiger des Klimawandels

Um sich der Beantwortung der Frage „Wie funktioniert ein Gletscher?" zu nähern, mag es hilfreich sein, sich in einem der zahllosen Bücher über dieses faszinierende Naturphänomen umzusehen. Nehmen wir etwa den mit besonders eindrucksvollen Bildern ausgestatteten, von einer französischen Forschungsgruppe um Patrick Wagnon 2008 herausgegebenen Band „Gletscher" und lesen wir, was dort über die Entstehung von Gletschern steht:

„Etymologisch leitet sich unser Wort ‚Gletscher' vom lateinischen ‚glacies' ab [...] Hinzu kommt die Vorstellung von Dauer. Gletscher sind insofern große natürliche Eisfelder, die sich durch abschmelzenden und wieder gefrierenden Schnee bilden und nach menschlichen Maßstäben ‚ewig' sind. Ein solches Eisfeld entsteht durch Schnee, der vom Himmel herabschneit, vom Wind herbeigeweht oder von Lawinen abgeladen wird. Durch Verdichtung und diverse thermodynamische Vorgänge verwandelt er sich mit der Zeit in Eis. Durch sein Eigengewicht fließt der Gletscher allmählich dem Gefälle entsprechend vom Nährgebiet zum Zehrgebiet ... Untrennbar von der Definition des Gletschers ist deshalb sein Fließverhalten."[2]

Nehmen wir diesen Text, der über eine bloße Definition weit hinausgeht, als Ausgangspunkt einiger prinzipieller Überlegungen zum Thema. Entscheidend sind also (klimatische) Umweltbedingungen, die es ermöglichen, dass sich Schnee über viele Jahre hinweg ansammeln kann. Dabei ist es einerlei, woher dieser Schnee an der betreffenden Stelle kommt, es muss nicht immer nur der aus den Wolken gefallene Schnee sein. Es ist leicht einzusehen, dass die wichtigste Facette solcher Umweltbedingungen die Kälte ist. Da die Temperatur global gesehen mit zunehmender geografischer Breite und zunehmender Seehöhe abnimmt, treffen wir Gletscher einerseits in den Polargebieten: In der Antarktis gibt es sogar einen beinahe vollständig von riesigen Gletschern bedeckten Kontinent. In der Arktis ist es Grönland, beide Eismassen zählen zum Typ der Inlandvereisungen. Andererseits finden sich Gletscher in den Hochgebirgen der Erde mit sogenannten alpinen Gletschertypen (wie etwa Tal- und Kargletscher).

Sammelt sich unter solchen Gegebenheiten Schnee über die Jahre an, wandelt er sich durch wiederholtes teilweises Schmelzen und Wiedergefrieren sowie unter dem Druck der überlagernden Schneeschichten um – dieser Prozess wird Schnee-Metamorphose (Umwandlung) genannt – und wird zu grobkörnigem, luftarmem Gletschereis. Dieses kann sich nicht zu beliebigen Höhen auftürmen, sondern beginnt sich dank der plastischen Eigenschaft des Eises durch das wachsende Eigengewicht und den somit steigenden Druck zu verformen. Unter dem Einfluss der Schwerkraft „fließt" – oder besser: kriecht und gleitet – das Eis nun langsam hang- und talabwärts (an der Pasterze derzeit etwa mit maximal knapp 20 m pro Jahr). Durch diese Bewegung gerät der untere Teil der Eismasse in tiefere Lagen, in denen die klimatischen Bedingungen für die dauerhafte Erhaltung des Schnees nicht mehr gegeben sind, sondern im Mittel vieler Jahre die Abschmelzung des Eises vorherrscht.

Diesen soeben beschriebenen Zusammenhängen sind wir mit den Begriffen „Nähr-" und „Zehrgebiet" bereits begegnet: Das Nährgebiet (Akkumulationsgebiet) ist der obere Teil des Gletschers, worin sich im langjährigen Mittel mehr Schnee ansammelt als in den Sommern wieder abschmilzt. Von hier bewegt sich das Eis ins Zehrgebiet (Ablationsgebiet), wo mehr Schnee abschmilzt, als sich in den Wintern ablagert. Das so entstehende Defizit wird durch den „Nachschub" an Eis aus dem Nährgebiet ausgeglichen. Ist dies der Fall, so verändert der Gletscher seine Größe nicht, er befindet sich im „Gleichgewicht". Das ist ein Zustand, der eher theoretisch und nur selten wirklich vorkommt, da aufgrund der jährlichen Veränderlichkeit der meteoro-

[2] Wagnon, P.; Vincent, C.; Six, D.; Francou, B., 2008: Gletscher. – Primus Verlag, Darmstadt, 152 S.

logischen Elemente – wie Temperatur und Schneeniederschlag – und damit auch der Massenbilanz, der Gletscher ständig reagieren und seine Dimensionen laufend ändern muss. Kommt mehr Eis aus dem Nährgebiet nach, als im Zehrgebiet abschmilzt, so vergrößert sich der Gletscher – Länge, Fläche und Masse werden größer, was man „Gletschervorstoß" nennt. Im umgekehrten Fall, wenn also weniger Eis aus dem Nährgebiet nachgeliefert wird, als im Zehrgebiet abschmilzt, verkleinert sich der Gletscher und man spricht von „Gletscherrückzug". Dies trifft derzeit auf nahezu alle Gletscher nicht nur der Alpen, sondern weltweit zu.

Der Massenumsatz ähnelt der Einnahmen-Ausgaben-Rechnung eines Unternehmens: Den Einnahmen in Form von Schnee stehen die Ausgaben durch die Abschmelzung gegenüber. Mit bestimmten Methoden kann man auf dem Gletscher beide Größen bestimmen und die Massenbilanz berechnen (Siehe Spezialbeitrag Seite 118). Man kann diese „Bilanzen" mit einem „Unternehmen Gletscher" verdeutlichen. Gibt es einen „Überschuss", so ist die Bilanz positiv, der Gletscher wächst, tritt ein „Verlust" in der Bilanz auf, so ist diese negativ, der Gletscher schrumpft.[3] Spinnt man den Gedanken weiter, so kann man im übertragenen Sinn über die Änderung der Gletscher seit dem letztmaligen Höchststand um 1850 sagen, dass diese in die „Insolvenz" geschlittert sind und schon längst hätten „Konkurs" anmelden müssen. Man könnte also den herrschenden globalen Klimawandel als Rahmenbedingung für die Gletscherwelt mit den Auswirkungen einer globalen Finanzkrise auf die Wirtschaft vergleichen. Die zeitlichen Zyklen sind an den Alpengletschern (Jahrzehnte bis Jahrhunderte) normalerweise jedoch wesentlich länger als in der Ökonomie (Jahre bis Jahrzehnte).

Die beschriebenen Prozesse spiegeln sich im spezifischen Aussehen der Gletscheroberfläche wider – etwa den Gletscherspalten, die einerseits durch die Interaktion zwischen der Eisbewegung und dem geneigten Felsuntergrund entstehen, andererseits durch das Lösen von Zugspannungen im starren Eis. Auch in der Landschaftsgestaltung im früher eisbedeckten und nun freigegebenen Felsgelände im Nahbereich der Gletscher zeigen sie sich. So etwa poliert das sich bewegende Gletschereis – dank der an seinem Unterrand mitgeführten feinen Gesteinspartikel – den darunter liegenden Fels („Gletscherschliff") und formt diesen zu glatt geschliffenen Felsbuckeln („Rundhöckern"). Viele von diesen Erscheinungen sind auf den Fotos dieses Buches zu sehen, in weitere Gletscherphänomene sowie die dahinterstehenden Prozesse können sich Interessierte beim Begehen des „Gletscherweges Pasterze"[4] vertiefen.

Wie schon mehrfach erwähnt, befindet sich die Pasterze derzeit in außerordentlich starkem Rückzug. Dieser führt zu einer drastischen Um-

3 Nachzulesen im Beitrag von Wolfgang Schöner auf S. 118

4 Siehe das gleichnamige Kapitel auf S. 109

gestaltung nicht nur des unmittelbar am Rand des Gletschers gelegenen Geländes, sondern des gesamten Erscheinungsbildes der Pasterzen-Landschaft. Das wirft die Frage auf, wie sich die Pasterze bisher – in Reaktion auf eine sich wandelnde klimatische Umwelt – verhalten hat. Während des Höhepunktes der letzten eiszeitlichen Kältephase (Würm-Kaltzeit) vor 23.000 bis 24.000 Jahren bedeckte Gletschereis nicht nur die inneralpinen Hochlagen und Täler, sondern beinahe die gesamten Alpen und reichte über den Alpenrand weit in deren Vorländer hinaus. Als vor etwa 21.000 Jahren die Temperaturen zu steigen begannen, schmolzen die Eiszeitgletscher rasch ab. Der Erwärmungstrend war jedoch wiederholt von Kälterückschlägen unterbrochen. Die Gletscher, die nun schon viel kleiner waren und nur mehr die Seitentäler füllten, begannen wieder ein Stück vorzustoßen. Seit Beginn der Nacheiszeit vor etwa 10.500 Jahren – als die Gletscher schon „nacheiszeitliche" Größe erreichten – waren sie nie größer als beim letzten Hochstand in der Mitte des 19. Jahrhunderts (Hochstand von 1850); sie waren aber öfters schon deutlich kleiner als sie heute sind.

Der Wasserfallwinkel ist auf großen Flächen von Rundhöckern geprägt – die Striemung der Felsen („Gletscherschrammen") lässt die ehemalige Fließrichtung des Eises erkennen.

Gletschergeschichte der Pasterze – Spurensuche in die nacheiszeitliche Vergangenheit

Kurt Nicolussi

Am Institut für Geographie, Universität Innsbruck; geb. 1958, Studium an der Universität Innsbruck, Forschungsschwerpunkte: Jahrringforschung bzw. Dendrochronologie, Umwelt- und Klimageschichte der Alpen in der Nacheiszeit.

a Vgl. auch den Beitrag von Wolfgang Schöner

b Slupetzky, H., 1993: Holzfunde aus dem Vorfeld der Pasterze. Erste Ergebnisse von 14-C-Datierungen. – In: Zeitschrift f. Gletscherkunde u. Glazialgeologie 26/2, S. 179–187.

c Nicolussi, K.; Patzelt, G., 2000a: Discovery of early-Holocene wood and peat on the forefield of the Pasterze Glacier, Eastern Alps, Austria. The Holocene 10, 191–199.

Gletscher sind eine der wesentlichen Quellen für die Erfassung der Klimageschichte, da sie zwar oftmals verzögert auf Klimaentwicklungen reagieren, aber gerade längerfristige Änderungen sehr empfindsam durch Größenänderungen widerspiegeln. Die Pasterze gehört zu den „trägen" Alpengletschern, was sich aus der vergleichsweise großen Anpassungszeit – ein Maß für die Verzögerung der Reaktion eines Gletschers auf eine Klimaänderung – von mindestens 30 Jahren ablesen lässt.[a]

Zur Nutzung des „Klimaarchivs Gletscher" sind allerdings Informationen zur Größe (Ausdehnung) der Eismassen in der Vergangenheit nötig. Diese sind oftmals rar, da gerade in den Alpen viele Gletscher in der sogenannten „Kleinen Eiszeit" (ca. 1260–1860 n. Chr.) ihre größten Ausdehnungen erreichten und damit Spuren früherer Vorstöße, speziell Moränen, zerstörten. Noch weniger als über die Vorstöße und dabei erreichte sogenannte Gletscherhochstände in der Nacheiszeit (dem sogenannten „Holozän", die letzten etwa 11.700 Jahre), war lange über Minimalausdehnungen der Alpengletscher bekannt. Dieses Wissensdefizit findet erst seit wenigen Jahrzehnten Abhilfe, da im Zuge des aktuellen Gletscherrückgangs zunehmend „Beweisstücke" zugänglich wurden, die Rückschlüsse auf nacheiszeitliche Rückzugsphasen und Gletscherminima zulassen.

Funde von Holz und Torf vor dem aktuellen Eisrand

Die Pasterze ist unter den österreichischen Gletschern das herausragende Beispiel für gletschergeschichtlich interpretierbare Funde, die aus der frühesten Nacheiszeit stammen. Im Jahr 1990 entdeckte Heinz Slupetzky zwei Holzstammreste und Torfbrocken vor dem damaligen Zungenende des Gletschers, die nach Radiokarbondatierungen ein überraschend hohes Alter von über 9000 Jahren aufwiesen und damit aus dem frühen Holozän stammen.[b] Später folgten weitere Funde von Holz und Torf durch Gernot Patzelt.[c] Das organische Material wurde in der Regel auf der Sanderfläche vor der Zunge der Pasterze vorgefunden, angespült durch den unter dem Eis herausströmenden Gletscherbach und deponiert bei nachlassender Schleppkraft. Die Holzfunde der 1990er-Jahre waren nicht auffallend groß, die größten Längen der beobachteten Stammteile lagen bei etwa 2 m. Die aufgrund des Transportes meist geröllartig gerundeten Torfbrocken wiesen maximale Durchmesser von wenigen Dezimetern auf. Gegen Ende der 1990er-Jahre und in den ersten Jahren nach 2000 wurden die Funde seltener und blieben dann gänzlich aus. Erst seit 2008 konnte wiederum ähnliches Material, nun überwiegend Torfgeröll und vergleichsweise wenige, meist kleine Holzreste mit maximalen Längen von unter einem Meter, gesammelt werden. Diese Funde wurden in der Regel vor dem Eisrand der Pasterze, einzelne aber auch auf dem Eis (!) – dort heraustransportiert an Scherflächen (nach oben gerichtete Bewegungsbahnen im Eis) – gemacht.

Keine der Auflesungen erfolgte an einer in situ Position, also bei Holzstämmen an ihrem ursprünglichen Wuchsstandort. Die Holz- und Torfreste sind umgelagertes organisches Material, das für Jahrtausende in dem Talbereich, der heute noch vom Eis der Pasterzenzunge bedeckt wird, überdauerte. Die Wuchsstandorte der Bäume und die Areale der Moore, deren Reste angespült wurden, sind jedenfalls in diesem Talbereich zu vermuten. Das setzt eine Eisfreiheit und damit eine entsprechend geringere Ausdehnung der Pasterze während der Wachstumszeiten der Bäume und der Moore voraus. Damit können die Holz- und Torfreste zur Interpretation der holozänen Geschichte der Pasterze herangezogen werden.

Das Alter der Funde

Die Altersbestimmungen der Holz- und Torffunde an der Pasterze stützen sich vor allem auf Radiokarbonanalysen, daneben aber auch auf Jahrring-Untersuchungen. Letztere belegen auch, dass die Holzreste teilweise von Bäumen stammen, die mehrere hundert Jahre lang wachsen konnten. Darüber hinaus machen die Holzproben auch die Einwirkung des Eises deutlich: Die spätere, bis etwa 200 m mächtige Eisüberlagerung

Oben: Mittelholozäne Holzreste auf (!) der Gletscherzunge der Pasterze, herausgepresst an einer Scherfläche.

Unten: Torfrest unter der abschmelzenden Zunge der Pasterze.

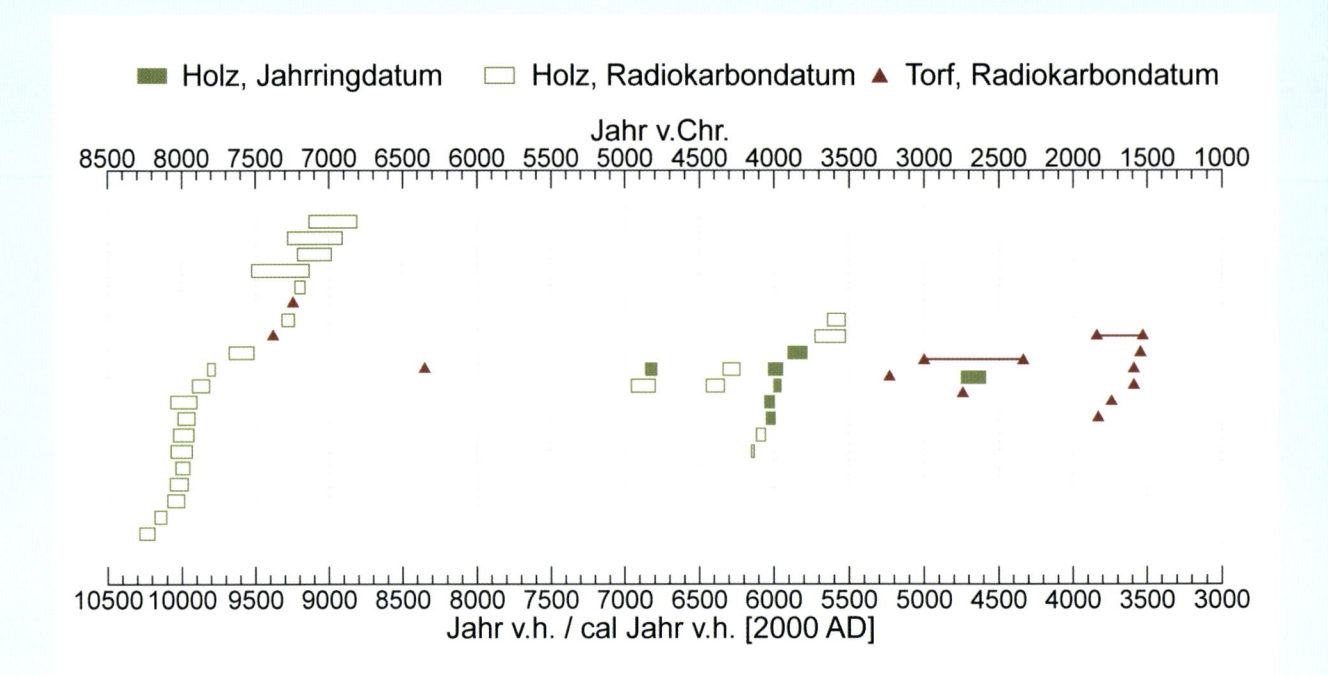

■ Holz, Jahrringdatum   □ Holz, Radiokarbondatum   ▲ Torf, Radiokarbondatum

Die zeitliche Verteilung der bisher untersuchten Holz- und Torfreste aus dem Vorfeld der Pasterze nach Radiokarbon- und Jahrringdatierungen. Die Länge der Balken der Holzproben bezieht sich auf die Minimalwachstumszeit der erfassten Bäume. Miteinander verbundene Datierungen von Torfmaterial wurden dem gleichen Torfgeröll an der Ober- sowie der Unterseite entnommen.

führte wegen des großen Gewichtes und des damit verbundenen Drucks beim Überfahren und Bedecken der Holzstämme zu Stauchungen und Veränderungen der Holzstruktur.

Die organischen Funde fallen grob in den Zeitraum von vor rund 10.500 bis 3500 Jahren und damit in das frühe und mittlere Holozän.[d] Bemerkenswert ist, dass die Holz- und Torffunde aus den 1990er-Jahren überwiegend in den frühen Abschnitt, jene der letzten Jahre hingegen in den mittleren Abschnitt der Nacheiszeit datieren.

Nach den Datierungen war die Pasterze vor etwa 10.200 Jahren zumindest 100 Jahre lang geringer ausgedehnt als um das Jahr 2000 n. Chr. Weitere Stammfunde belegen auch für den Zeitabschnitt vor etwa 10.100 bis 9300/9000 Jahren einen überwiegend kleineren Gletscherstand als heute. In diesen Zeitraum datieren Reste von Bäumen, die bis zu 400 Jahre alt wurden. Nach einem Radiokarbondatum eines Torfstückes war die Pasterze auch vor rund 8300 Jahren wiederum kürzer als gegenwärtig. Eine geringere Gletscherdimension als heute kann mit weiteren Hölzern, die zwischen 76 und rund 200 Jahresringe aufweisen, vor ca. 6800, 6400, 6100–5600 und 4700 Jahren belegt werden. Mit Radiokarbondatierungen von Torfstücken sind weitere Rückzugsphasen vor rund 5300, 5000–4300 sowie etwa 3800–3550 (die bisher jüngste Periode geringerer Gletscherausdehnung als derzeit für die Pasterze nachgewiesen. Mit dem unter dem Eis herausgespülten Holz- und Torfmaterial kann auch auf mehrere Vorstöße dieses Gletschers im frühen und mittleren Holozän geschlossen werden. Grundlagen für diese Interpretation sind der Zustand speziell der Holzproben sowie Datenhäufungen. Gletschervorstöße sind vor etwa 10.200, 9300, 9000, 6300, 5800, 5550, 4300 (?) und 3550 Jahren zu datieren. Dabei ist offen, wie weit diese Vorstöße der Pasterze reichten.

Die letzten beiden Jahrtausende

Weitere, detailliertere Ergebnisse für die Geschichte der Pasterze liegen für die beiden letzten Jahrtausende vor. Diese stützen sich nun auf Radiokarbon-Altersbestimmungen von fossilen Böden, Jahrring-analytischen Auswertungen von in Moränen erhaltenen Baumstämmen sowie Auswertungen von historischen Karten und Bilddokumenten. Der Gletscher war nachweislich im 4. Jahrhundert n. Chr. kürzer als um 1925 und rückte erst kurz nach dem 7./8. Jahrhundert über diese Eisgrenze hinweg vor. Im gesamten Spätmittelalter und in der frühen Neuzeit überschritt die Pasterze eine Ausdehnung ähnlich jener um das Jahr 1880 nicht. Allerdings rückte der Gletscher wohl um 1290 und 1350, und dann wieder ab 1470 bis zu diesem Gletscherstand vor. Bei einem nachfolgenden Vorstoß überschritt die Pasterze schließlich im Jahr 1595 eine Ausdehnung wie um 1880. Im Zuge dieses Vorrückens erreichte der Gletscher um 1600 den ersten der beiden nachweislichen Hochstände in der Kleinen Eiszeit. Der zweite dieser Hochstände fällt in das 19. Jahrhundert: Um 1806/07 lag die Pasterze noch rund 600 m hinter der später erreichten Ausdehnung zurück, in den Jahren bis 1832 erfolgte ein Vorstoß und der Gletscher endete im Jahr 1834 etwa 250 m innerhalb der neuzeitlichen Hochstandsmoränen.[e] Nach einer stationären Phase rückte die Pasterze um 1850 wiederum vor und erreichte 1852/56 das zweite Maximum. Der daran anschließende Rückzug der Zunge dauert praktisch ohne Unterbrechung bis heute an.

Vergleich

Die Entwicklung der Pasterze im Holozän stimmt generell mit den aktuellen Vorstellungen zu anderen Alpengletschern überein: Dominanz langer Rückzugsphasen mit einer meist weit zurückgeschmolzenen Gletscherzunge in der frühen und mittleren Nacheiszeit, während der letzten vier Jahrtausende zunehmend weitreichende Vorstöße mit einer Kulmination in den letzten Jahrhunderten. Auch in den ersten Abschnitten des Holozäns gab es sicherlich Vorstoßphasen der Pasterze, unklar ist allerdings die Reichweite dieser Vorstöße und damit auch, ob die heutige Ausdehnung in diesen Perioden zumindest erreicht oder sogar überschritten wurde.

[d] Slupetzky, H., 1993, a.a.O., Slupetzky, H., Krisai, R., Lieb, G.K., 1998: Hinweise auf kleinere Gletscherstände der Pasterze (Nationalpark Hohe Tauern, Kärnten) im Postglazial – Ergebnisse von 14-C-Datierungen und Pollenanalyse. Wissenschaftliche Mitteilungen aus dem Nationalpark Hohe Tauern 4, 225–240, Nicolussi, K.; Patzelt, G., 2000a, a.a.O., Nicolussi, K.; Patzelt, G., 2000b: Untersuchungen zur Holozänen Gletscherentwicklung von Pasterze und Gepatschferner (Ostalpen). Zeitschrift für Gletscherkunde und Glazialgeologie 36, 1–87 und Drescher-Schneider, R.; Kellerer-Pirklbauer, A., 2008: Gletscherschwund einst und heute. Neue Ergebnisse zur holozänen Vegetations- und Gletschergeschichte der Pasterze (Hohe Tauern, Österreich). Abhandlungen der Geologischen Bundesanstalt 62, 45–51.

[e] Dieser Gletscherstand ist auf den beiden Bildern von Ender auf den Seiten 44 und 45 zu sehen.

Die Anfänge – Wie der Mensch die Pasterze „entdeckte"
Prähistorische Almwirtschaft und slawische Benennung

Wann zum ersten Mal ein Mensch die Pasterze erblickte, wissen wir nicht. Mit großer Wahrscheinlichkeit liegt dieser Zeitpunkt jedoch schon einige Jahrtausende zurück und ebenso wahrscheinlich ist, dass dieser Anblick für die betreffenden Leute kein besonders erbaulicher war. Sie nahmen wohl einfach zur Kenntnis, dass dort oben unmittelbar beim Gletscher für ihre wirtschaftlichen Bedürfnisse nichts zu holen war. Ähnlich wie in anderen Gebirgsräumen – man denke nur an „Ötzi", der 3300 Jahre v. Chr. auf einem 3200 m hohen Pass in den Ötztaler Alpen zu Tode kam – wurden auch die Hochlagen (anfangs wohl wegen der günstigen Jagdmöglichkeiten) um den Großglockner schon früh begangen. Zum einen machen dies Funde aus prähistorischer Zeit deutlich – etwa ein 3700 Jahre alter Bronzedolch – entlang des Passweges über das Hochtor (2576 m). Dieser war in der Römerzeit bereits ein viel benutzter Übergang, wie weitere archäologische Funde belegen. Zum anderen finden sich auch in Torfstücken, die die Pasterze seit den 1990er-Jahren immer wieder freigegeben hat, Pollenkörner, die auf Vegetation in der Umgebung von Mooren, worin der Torf wuchs, schließen lassen. Daraus kann man entnehmen, dass schon im Zeitraum von etwa 2000 v. Chr. (mittlere Bronzezeit) die Pflanzenwelt durch menschliche Aktivitäten grob verändert wurde.

Die hinter der vorher getätigten Aussage stehenden Forschungen sind derzeit noch nicht abgeschlossen. Sie stehen in engem Zusammenhang mit dem Fund von Bäumen, welche in der Nacheiszeit an Stellen wuchsen, die noch heute von Eis bedeckt sind. In damals eisfreien Mulden bildeten sich auch die erwähnten Moore, die unter Sauerstoffabschluss organisches Material wie Pollen und Holzreste konservierten.[5] Wenn man in solchen Moorstücken Pollen etwa von typischen Weidezeigern (wie etwa dem Wegerich) findet, so bedeutet dies freilich noch nicht zwangsläufig

Neben dem Pollengehalt von Torfstücken sind es vor allem Baumreste, die über vorzeitliche Ausdehnungen der Pasterze Auskunft geben – das Bild zeigt einen der ersten, 1991 von H. Slupetzky geborgenen Zirbenstämme. Dort, wo jetzt noch die Pasterzenzunge liegt, war vor 10.200 bis 9000 Jahren Wald.

die Anwesenheit von Menschen und Nutztieren direkt vor Ort, sondern die Pollen können durch den Wind auch über größere Distanzen verweht werden. Dennoch kann es nach den vorliegenden Befunden als gesichert gelten, dass schon in vorrömischer Zeit im näheren Umfeld der Pasterze Weidetiere nach Futter suchten. Unter diesem Gesichtspunkt ist es naheliegen anzunehmen, dass die Almleute, die das Vieh betreuten, auch die weitere Umgebung auf der Suche nach zusätzlichen Nutzflächen – und Jagdmöglichkeiten – erkundet haben und dabei auch in die Gletscherregion vorgedrungen sind. In den Hohen Tauern fehlen archäologische Nachweise für eine frühe, neolithische Weidewirtschaft über der Waldgrenze. In Tirol hat der Fund des Ötzi zu einer intensiven und erfolgreichen Erforschung der alpinen Vorzeit geführt. So ist nachgewiesen, dass der Mensch im frühen Neolithikum ab dem 5. Jahrtausend v. Chr. großflächig natürliche Weidegebiete oberhalb der Waldgrenze aufgesucht und genutzt hat.[6]

Der erste konkretere Hinweis auf die Anwesenheit von Menschen im engeren Bereich der Pasterze ist ihre Benennung, die auf eine rekonstruierte slowenische Bezeichnung „pastirica" = „Hirtengegend" (zu „pastir" = „Hirte") zurückgeht.[7] An diesen sprachlichen Ursprung knüpfen sich die folgenden Überlegungen und Fragen:

■ Die slawische Besiedlung setzte ab dem 6. Jahrhundert n. Chr. ein, ist jedoch außer durch das Namensgut kaum fassbar. Es ist auch nicht bekannt, wann die Namensgebung „Pasterze" erfolgte.

■ Die Bezeichnung „Pasterze" dürfte ursprünglich auch nicht dem Gletscher gegeben worden sein, sondern hat wahrscheinlich ein größeres Weidegebiet gemeint, das weite Teile des Talschlusses der oberen Möll umfasste. Dies lässt sich auch aus überlieferten Formulierungen wie etwa vom Kärntner Pionier der Botanik Franz Xaver Wulfen aus dem Jahr 1795 „in einer Heuhütte übernachteten wir auf der Basterzen"[8] erschließen. Der mitunter gezogene Schluss[9], der slawische Name „beweise", dass ein damals beweidetes Gebiet später von Gletschereis bedeckt wurde, ist in dieser einfachen Form aber wohl nicht haltbar.

■ Dennoch wird die Pasterze mit einer Sage vom Typ der „Übergossenen Alm" – einem Gletscher auf dem Plateau des Hochkönigmassivs – in Verbindung gebracht. Dahinter verbirgt sich die Vorstellung, dass der Gletscher ein ertragreiches Almgebiet überfuhr, was als Strafe Gottes für frevelhaftes Verhalten der Almleute gedeutet wurde. Dass es solche Gletschervorstöße in historischer Zeit gab, ist bekannt – wirklich ertragreiche Almgebiete waren davon aber nicht betroffen.

Die Sage von der Entstehung der Pasterze wird bei Pohl 2009[10] folgendermaßen geschildert: „Auf jenen Höhen, welche heute die Eisfelder

5 Sammlung, Erforschung und Interpretation dieser Funde sind im Spezialbeitrag von Kurt Nicolussi auf S. 24 beschrieben.

6 Patzelt, G.; Kofler W.; Wahlmüller, B., 1997: Die Entwicklung der Landnutzung im Ötztaler Gebirgsraum der Vorzeit – In: Alpine Vorzeit in Tirol. Begleitheft zur Ausstellung, Innsbruck, S. 58-62.

7 Pohl, H.-D., 2009: Die Bergnamen der Hohen Tauern. – OeAV-Dokument 6, Innsbruck, 129 S.

8 zit. n. Klemun, M., 2000: ... mit Madame Sonne konferieren. Die Großglockner-Expeditionen 1799 und 1800. – Das Kärntner Landesarchiv 25, Klagenfurt, 387 S.

9 Zum Beispiel von Paschinger, V., 1934: Neue Forschungen an der Pasterze. – Der Bergsteiger 4 (XII), 1933-34, S. 560-562.

10 Pohl, H.-D., 2009, a.a.O.

Der Goldbergbau drang bis in die höchsten Lagen der Hohen Tauern vor – die im Bild sichtbaren Ruinen des Knappenhauses auf dem Pazisel in der Goldberggruppe liegen in 2580 m Seehöhe.

der Pasterze bedecken, waren einst grüne Wiesen, ausgedehnte Matten, wo die Bewohner der dort aneinander grenzenden Länder ihre großen Jahrmärkte abhielten. Als ein solches Fest, wobei es an allerlei Unterhaltungen nicht fehlte, einmal auf einen Sonntag fiel und der heilige Tag durch Tanz, Spiel und ausgelassene Vergnügen entweiht wurde, da kam, von Gott gesendet, über die Höhen des Großglockners ein furchtbarer Sturm; der Regen fiel in Strömen, von den Felsen herab stürzten schäumende Wasser, die Wiesen bedeckten wogende Fluten und rissen Menschen, Vieh und all die Herrlichkeiten des Marktes in die Tiefe und bedrohten sogar die schuldlosen Bewohner des Tales. Da schickte Gott in seinem Erbarmen einen heftigen Frost, der die niederrauschenden Wogen plötzlich erstarren machte und die Frevler im Eise begrub, die schuldlosen Talbewohner aber rettete. Von Zeit zu Zeit soll das Eis des Pasterzengletschers die Leichen solcher Frevler auswerfen." Interessant an dieser Überlieferung ist das Deutungsmuster des Eises als Retter der Menschen im Tal: Tatsächlich können, wie man aus der alpinen Naturgefahren-Forschung heute weiß, große Gletscherflächen beachtliche Mengen von Wasser bei Starkniederschlägen (kurzfristige

Speicherung des Regens im Altschnee und des Niederschlags als Schnee) zurückhalten und so die Tallagen vor Hochwasserwellen schützen.

Die Pasterze „taucht" in Urkunden und Karten auf

Nach den bisher verfügbaren Informationen scheint der Name Pasterze erstmals 1523 in einer Grenzbeschreibung des Landgerichts Großkirchheim als „Pastertzen" auf.[11] Dies ist immerhin einige Jahrzehnte vor den ersten Erwähnungen des Glockners als „Glocknerer" 1562 beim Kartografen Lazius und als „Glogger" 1583 in einer Beschreibung des Gerichtes Kals.[12] In der frühen Neuzeit werden also Berge und markante Landschaftsbereiche – wie etwa die Pasterze (egal ob sie schon als Gletscher wahrgenommen wurde oder nicht) – als Orientierungsmarken verwendet, was ihre Individualisierung voraussetzt[13] und somit den Beginn einer Entwicklung einleitet, die in den folgenden Jahrhunderten Ordnung in das vermeintliche „Chaos" der Bergwelt durch die Namensgebung bringt.

Eine wichtige Motivation, die Hochgebirgsbereiche besser kennenzulernen, war in den Hohen Tauern und auch im Umkreis der Pasterze eine Wirtschaftstätigkeit, von der bisher noch nicht die Rede war – der Bergbau, im Besonderen auf Gold[14] und Silber. Dieser wurde in den Hohen Tauern jedenfalls seit dem Mittelalter betrieben und hatte seine Hochblüte in der frühen Neuzeit. Damals drangen die Bergbaue auch in exponierte Hochlagen um 3000 m vor, woran noch heute das Namensgut und vereinzelte Baureste erinnern – etwa „bei der Knappenstube" am Kloben (2938 m) in der östlichen Glocknergruppe. Über möglichen Goldbergbau im engeren Bereich der Pasterze gibt es unterschiedliche Angaben: Bei Paschinger[15] etwa werden für das Jahr 1606 die Gruben an der Pasterze als besonders ergiebig ausgewiesen, sollen aber bald darauf vom damals vorstoßenden Gletscher überfahren worden sein. Über die genaue Lage dieser Abbaustätten gibt es jedoch nur Spekulationen, und auch die überlieferten Jahresangaben sind unsicher. Deshalb geht die jüngere Forschung in Ermangelung von Quellen und archäologischen Funden sogar davon aus, dass im näheren Umfeld der Pasterze nie ökonomisch relevan-

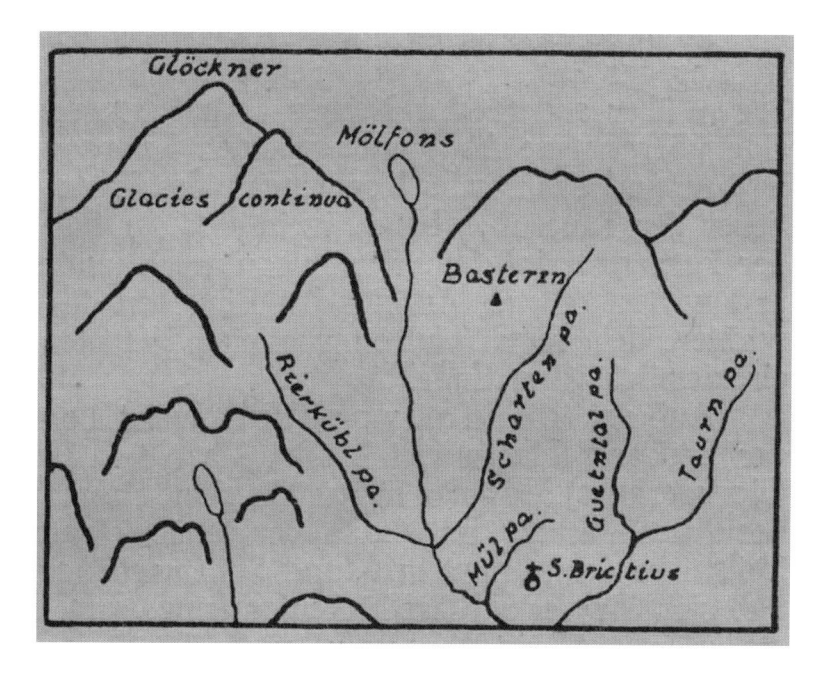

Zum ersten Mal finden wir den Namen Pasterze in einer Karte von 1612 – der betreffende Ausschnitt der Kärnten-Karte von I. Holtzwurm ist hier in der vereinfachten Version aus Paschinger (1948) wiedergegeben.

11 Klemun, M., 2000(a), a.a.O.

12 Pohl, H.-D., 2009, a.a.O.

13 Klemun, M., 2000(a), a.a.O.

14 Paar, W. H.; Günther, W.; Höck, V., 2000: Das Buch vom Tauerngold. – Verlag Anton Pustet, Salzburg. 586 S.

15 Paschinger, V., 1948: Pasterzenstudien. – Carinthia II, XI. Sonderheft, Klagenfurt, 119 S.

Belsazar Hacquet
(1739–1815)
Arzt und Naturforscher, wirkte in Idria (Idrija), Laibach (Ljubljana) und Lemberg (Lviv)

„Der Berg, welcher einem gespitzten Klockenthurme gleichet, mag wohl von der Aehnlichkeit den Namen erhalten haben. Er ist auf der Mitternachtsseite mit ewigen Eise bedeckt […] Ich habe noch niemals einen so hohen Berg so gespißt gesehen […] auf seiner äußersten Spitze sieht er so aus, als wenn ein Knopf darauf gesetzt wäre, von welchem dann drey so-genannte Bergrücken, oder Rippen, wie es die dortigen Einwohner nennen, herunter-laufen, die gleichsam ein Schnitzwerk vorstellen."[16]

16 Beschreibung des Groß-glockners aus: „Hacquet's mineralogisch-botanische Lustreise, von dem Berg Terglou in Krain, zu dem Berg Glokner in Tyrol, im Jahr 1779 und 81", Wien 1784

ter Bergbau betrieben wurde. Sicher jedoch ist, dass der Niedergang des Bergbaus in den Hohen Tauern ab dem 17. Jahrhundert nicht oder nur in Einzelfällen mit dem Vorstoß der Gletscher begründet werden kann. Vielmehr waren die Edelmetalle der Hohen Tauern nicht zuletzt wegen der im Hochgebirge exorbitanten Produktionskosten auf dem sich öffnenden Weltmarkt (große Goldfunde in der Neuen Welt) ab dieser Zeit nicht mehr konkurrenzfähig.

Der Bergbau jedenfalls richtete die Aufmerksamkeit der Menschen verstärkt auf das Gebiet der Pasterze, und so verwundert es nicht, dass die Bezeichnung „Basterzn" 1612 erstmals in einer gedruckten Karte erscheint: Es ist dies die Kärnten-Karte von Israel Holtzwurm, die in mehreren jeweils leicht veränderten Auflagen herausgegeben wurde und bis in die zweite Hälfte des 18. Jahrhunderts die weitaus beste für dieses Gebiet blieb.[17] Diese Karte ist aus gletscherkundlicher Sicht insofern bemerkenswert, als erstmals im Alpenraum Gletscher durch die Bezeichnung „Glacies continua" (lateinisch für „ewiges Eis") eingetragen sind. Eine Festlegung der Ausdehnung der Pasterze aus diesen für die damalige Zeit zwar bahnbrechenden, aber doch ziemlich bescheidenen Informationen ist nicht möglich. Man weiß jedoch aus anderen Untersuchungen und der Analogie zu den Gletschern in vergleichbaren Gebirgsgruppen, dass an der Wende vom 16. zum 17. Jahrhundert die Gletscher bedeutend an Masse gewannen, stark vorstießen und zwischen 1620 und 1650 einen Hochstand erreichten, der eine ähnliche Ausdehnung wie in der Mitte des 19. Jahrhunderts hatte.

Belsazar Hacquet „ebnet" den Weg ins Hochgebirge

In der zweiten Hälfte des 18. Jahrhunderts beginnt mit dem Zeitalter der Aufklärung eine neue Ära in der Beziehung zwischen Mensch und Gebirge. Bisher waren die Alpen für die außerhalb davon lebenden Menschen etwas Abstoßendes gewesen, das zu bereisen man tunlichst vermied. Werner Bätzing[18] bezeichnet diese Form der Wahrnehmung der Berge als „montes horribiles" (lateinisch für „furchterregende Berge"). Es ist jedoch mit Nachdruck darauf hinzuweisen, dass dieses Bild ausschließlich die Außensicht wiedergibt, während die Menschen, die im Gebirge lebten, einen gleichsam unkomplizierten Zugang zu ihrem gewohnten Lebens- und Arbeitsumfeld hatten, das von Seiten der Agrargesellschaft auch keine tiefergehende Reflexion erfuhr, weder in positiver noch in negativer Hinsicht – eine Alm, ein Geländeteil galt als „schön", wenn darauf gutes Futter für das Vieh gedieh. In der Aufklärung begannen nun die Alpen für die Bildungselite jener Zeit interessant zu werden, wobei einerseits die Erforschung von Naturphänomenen und andererseits die Ästhetisierung der Natur als Ganzes die Motive jener neuen Herangehensweise an die Berge darstellten, die in der Folge den wissenschaftlichen Alpinismus begründen sollte.

Diese in der alpinhistorischen Literatur gut dokumentierten Entwicklungen nahmen ihren Ausgang von den Westalpen, wo unter anderen Horace Bénédict de Saussure als Naturforscher wesentlich zur Attraktivierung des Hochgebirges beitrug. Seine eigene Forschungstätigkeit schlug sich in zahlreichen Publikationen nieder, die weite Verbreitung fanden und den Zeitgeist wesentlich beeinflussten. Auch initiierte er die Erstbesteigung des Mont Blanc (4810 m), die schließlich 1786 Jacques Balmat und Gabriel Paccard glückte. Dies hatte eine enorme Signalwirkung und rückte etwa zeitgleich auch die großen Berge der Ostalpen in den Blickwinkel der neuen Generation der Naturforscher. Zu den ersten solcherart „begehrenswert" gewordenen „großen" Bergen zählten der Triglav (2863 m) in den Julischen Alpen, heute der höchste Berg Sloweniens, und der Großglockner (3798 m). Beide wurden vom „Saussure der Ostalpen", Belsazar de la Motte Hacquet, Arzt und Naturforscher mit damaliger Wirkungsstätte Laibach (Ljubljana), in die Literatur eingeführt und somit bekannt gemacht. Für beide Berge erkannte er auch die Möglichkeit ihrer Ersteigung, die bald darauf von regionalen Mäzenen (der Gewerke Zois für den Triglav und von Bischof Salm für den Glockner)[19] finanziert und von je vier Personen aus der betreffenden Region 1778 (Triglav, also noch vor dem Mont Blanc!) bzw. 1800 (Großglockner) in die Tat umgesetzt wurde.

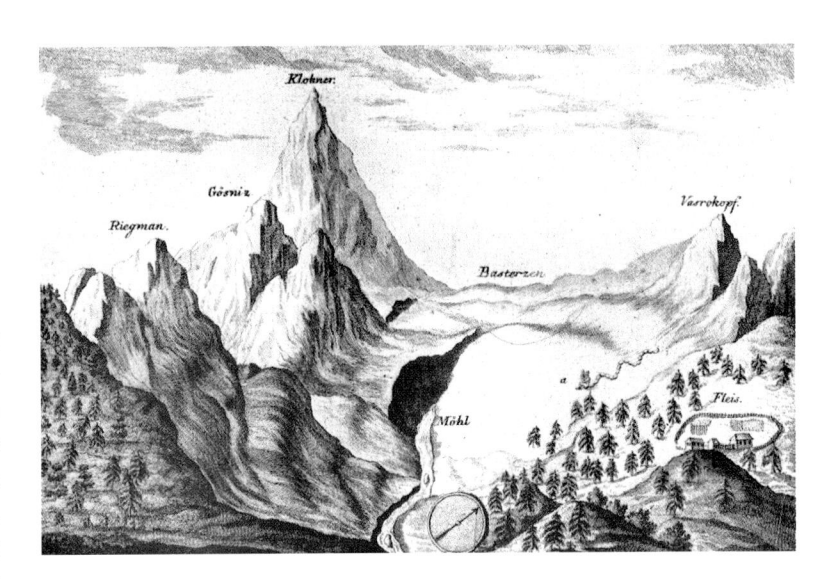

Hacquet verdanken wir auch jene Darstellung, die als älteste des Großglockners gilt und auch die „Basterzen" sowie die durch eine Felsschlucht zu Tal stürzende junge „Möhl" zeigt. Das Bild ist für die damaligen Verhältnisse sehr detailreich, auch die topografischen Bezüge stimmen recht gut und schließlich ist auch der Bergbau als regionale Wirtschaftstätigkeit – in Form des Erztransports mittels Sackzug – verewigt. Seiner akribischen Sammlung von Detailbeobachtungen entsprechend berichtet Hacquet auch von Einzelheiten in Bezug auf die Pasterze. Ein Beispiel hierfür ist der Ausbruch des von der damals gerade vorstoßenden Pasterze aufgestauten Grünsees östlich des heutigen Stausees Margaritze, der einige Jahre vor 1779 größere Hochwasserschäden im Mölltal verursacht hatte.[20] Dieser Hinweis scheint der erste überlieferte Bericht von Naturgefahren zu sein, die mit der Pasterze in Zusammenhang stehen.

Diese bildliche Darstellung aus Hacquet (1784) gilt als die älteste des Großglockners; die Lagebeziehungen der Berge um die „Basterzen" sind einigermaßen richtig wiedergegeben.

17 Lang, H.; Lieb, G. K., 1993: Die Gletscher Kärntens. – Hrsgg. v. Naturwissenschaftlichen Verein für Kärnten, Klagenfurt, 184 S. mit weiterführender Literatur

18 Bätzing, W., 2003: Die Alpen. Geschichte und Zukunft einer europäischen Kulturlandschaft. Verlag C. H. Beck, München, 431 S.

19 Vergleiche S. 38, 58f und den Beitrag von Robert Lindner auf den folgenden Seiten

20 Paschinger, V., 1948: Pasterzenstudien. – Carinthia II, XI. Sonderheft, Klagenfurt, 119 S.

Das Glocknergebiet – Eroberung und Erforschung

Robert Lindner

geb. 1966, Leiter des Salzburger Biodiversitätszentrums und der Wissenschaftlichen Sammlungen am Haus der Natur in Salzburg. Biologie-Diplomstudium an der Universität Salzburg, Dissertation an der Universität Sheffield. Seine Untersuchungsgebiete sind alpine Kleinsäuger, Steinadler und Schneefinken. Verfasser von Broschüren und Artikel über die Hohen Tauern, Mitarbeit an Lehrwegen und Ausstellungen im Nationalpark Hohe Tauern. 2001 Verleihung des „Christian Doppler Preises" des Landes Salzburg.

Während bis ins 17. Jahrhundert naturwissenschaftliche „Erkenntnisse" in erster Linie auf antiken Quellen fußten, führte der Einfluss der Aufklärung im 18. Jahrhundert dazu, dass eigene Entdeckungen und der Erwerb neuen Wissens in den Mittelpunkt rückten. Diese Beschäftigung mit der Natur verschaffte einen ersten Eindruck von der Vielfalt ihrer Erscheinungsformen. Der Wunsch, Ordnung in diese Vielfalt zu bringen, war eine Konsequenz dieses neuen Wissens.

Daher ist die Wissenschaftsgeschichte des 18. Jahrhunderts von dem Versuch bestimmt, die Natur zu klassifizieren. Zahlreiche Ordnungssysteme konkurrierten um den Anspruch, die bestmögliche Beschreibung der, so glaubte man, gottgewollten Stufenleiter des Lebens zu sein. Die meisten Klassifikationen waren schlichtweg alphabetische Namenslisten. Erst im Jahr 1735 wurde mit dem Erscheinen der ersten Auflage von Carl von Linnés „Systema Naturae" eine Klassifizierung vorgestellt, die auf morphologischen Merkmalen basierte, und die Ähnlichkeiten der Arten abzubilden versuchte. Linnés binäre Nomenklatur, bestehend aus einem Art- und einem Gattungsnamen, wurde damit zur Grundlage der modernen biologischen Namensgebung.

Königsdisziplin Botanik

Linné war Botaniker, daher hatte die Botanik bei seinen Überlegungen besonders viel Gewicht. Nicht zuletzt deswegen entwickelte sich sehr schnell ein umfassendes Klassifikationssystem der Pflanzen. In einer Zeit, in der die Suche nach Ordnungsprinzipien im Mittelpunkt des Interesses stand, wurde die Botanik damit zur Königsdisziplin der Naturwissenschaft. Die „Jagd" nach neuen Pflanzenarten wurde zu einem Hauptmotiv für den Aufbruch zur Erforschung unbekannter Gegenden. In Mitteleuropa waren es vor allem die Alpen, in denen man erwartete, noch viele Neuentdeckungen zu machen.

Die Alpen – vom Reisehindernis zum Reiseziel

Das 18. Jahrhundert war aber auch das Zeitalter der ersten Agrarrevolution, geprägt von Effizienzsteigerungen in der Landwirtschaft und der beginnenden Landflucht. Zahlreiche mechanische Erfindungen läuteten in der zweiten Hälfte des 18. Jahrhunderts die beginnende Industrielle Revolution ein. Rasante gesellschaftliche Veränderungen in den Städten ließen ein idealisiertes Bild der Alpen als Ort natürlicher Zustände entstehen. Man begann, sich mit der Landschaft der Alpen zu beschäftigen. Die Berge wurden von einem bedrohlichen Reisehindernis zum Reiseziel. In den Westalpen war es vor allem Johann Jakob Scheuchzer (1672–1733), der die Bergwelt als Forschungsfeld entdeckte, sein Pendant in den Ostalpen war Belsazar Hacquet (1739–1815). Er bereiste über 20 Jahre lang die östlichen Alpen und kam 1779 erstmals auch an den Fuß des Großglockners. Im Bericht über seine „mineralogisch-botanische Lustreise" zog er erstmals die Möglichkeit der Besteigung des Großglockners in Betracht. Diese Gedanken waren einer der Ausgangspunkte für die folgende „Eroberung" und Erforschung des Glocknergebietes.

Wulfen und Hohenwart – prominenteste Forscher des 18. Jahrhunderts

Einer der prominentesten wissenschaftlichen Wegbereiter für die Erforschung des Glocknergebietes war der Naturforscher Franz Xaver von Wulfen, Jesuit, Botaniker und Mineraloge, der am Lyzeum in Klagenfurt unterrichtete. In zahlreichen botanischen Exkursionen bereiste er ganz Kärnten. Er arbeitete unter anderem mit dem Leiter des 1754 gegründeten Botanischen Gartens in Wien, Nikolaus Joseph Freiherr von Jacquin (1727–1817), zusammen. Im Jahr 1778 besuchte Wulfen erstmals Heiligenblut, 1791 ein weiteres Mal, diesmal in Begleitung von Hofkaplan Josef Reiner (1765–1797) und Generalvikar Sigismund von Hohenwart (1745–1825). Es war Hohenwart, der in populären Reiseberichten eine breite Leserschaft auf den Pflanzenreichtum des Glocknergebietes aufmerksam machte. Er war es auch,

Durch Linnés Klassifizierungssystem der Pflanzen anhand anatomischer Merkmale der Blüten wurde die Botanik zu einer der fortschrittlichsten Wissenschaftsdisziplinen des 18. Jahrhunderts. (gezeichnet von Georg Dionysius Ehret).

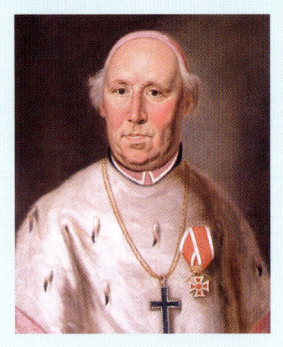

Sigismund von Hohenwart und Franz Xaver von Wulfen, beides katholische Würdenträger, waren begeisterte und vor allem prominente Wissenschafter des 18. Jahrhunderts.

der Fürstbischof Franz Xaver Graf von Salm-Reifferscheid die Idee einer Glocknerexpedition näherbrachte.

Expeditionen zur Besteigung des Großglockners

Die Erstbesteigung des Glockners war in erster Linie eine naturwissenschaftliche Expedition und nur in zweiter Linie eine alpinistische Eroberung. Unter den insgesamt 62 Teilnehmern der erfolgreichen Besteigung im Jahr 1800 befanden sich zahlreiche Wissenschaftler. Unter ihnen waren auch der Botaniker Joseph von Seenus, der Topograf Franz Michael Vierthaler, der Geodät Ulrich Schiegg sowie Sigismund von Hohenwart und der damals bereits über 70-jährige Wulfen. Ein weiteres Mitglied der Expedition war der Regensburger Arzt David Heinrich Hoppe. Fürstbischof Salm hatte über den Salzburger Fürsterzbischof Colloredo Kontakt zu der von Hoppe gegründeten Regensburger Botanischen Gesellschaft aufgenommen. Hoppe nutze die Gelegenheit und lud im August 1800 zu einem botanischen Kongress am Fuße des Großglockners in Heiligenblut ein. Infolge seiner Teilnahme an der Glocknerexpedition entwickelte sich Hoppe zum ersten botanischen Berufssammler. Bis ins Jahr 1841 besuchte er regelmäßig die Hohen Tauern und sammelte dabei unzählige Pflanzen. Er erkannte viele neue Arten und verkaufte über 50.000 Herbarbelege an interessierte Forscher in ganz Europa. 1813 besuchte er erstmals die Gamsgrube und beschrieb die botanischen Besonderheiten dieses in den Alpen einzigartigen Flugsand-Lebensraumes.

Sammler und Händler

Hoppes zahlreiche Veröffentlichungen in seiner Zeitschrift, dem „Botanischen Taschenbuch" (heute „Hoppea"), und die von ihm versandten Herbarbelege machten viele Botaniker auf das Glocknergebiet aufmerksam. Unter anderem beschrieb Heinrich Gustav Flörke (1764–1835) zahlreiche neue Flechten- und Moosarten in der Region und lieferte die ersten Beschreibungen alpiner Pflanzengesellschaften. Auch Friedrich Christian Hornschuch (1793–1850), ein auf Moose spezialisierter Naturforscher, beschrieb aus dem Umfeld der Pasterze zahlreiche neue Arten. Neben Botanikern zog das Glocknergebiet aber auch Insektenforscher an. In der 1792 veröffentlichten Beschreibung des Glocknergebietes listet Hohenwarth einige für die Wissenschaft neue Schmetterlingsarten auf, zum Beispiel das **Hochalpen-Widderchen** (*Zygaena exulans*) oder den **Schillernden Mohrenfalter** (*Erebia cassioides*). Im Jahr 1855 bereiste Otto Staudinger (1830–1900) die Hohen Tauern. In seinen Schmetterlingsstudien beschrieb er erstmals die unglaubliche Individuen- und Artenvielfalt der Heualpen (Bergmähder), dokumentierte die Höhenverbreitung einzelner Arten und lieferte neue Fakten zur Biologie alpiner Schmetterlinge. Um seine zahlreichen Reisen zu finanzieren (er bereiste auch große Teile Südwesteuropas), begann er ähnlich wie Hoppe seine Sammelausbeute zu verkaufen und gründete eine erfolgreiche Naturalienhandlung. Josef Mann (1804–1889), Insektenpräparator am kaiserlichen Hofmuseum in Wien, kam zwischen 1848 und 1870 insgesamt achtmal in das Glocknergebiet. Er beschrieb einige neue Schmetterlingsarten, darunter auch den heute noch nach ihm benannten **Mann's Gletscherspanner.** Unter den von ihm gesammelten Tieren befanden sich auch zahlreiche Weberknechte. Einer von Ihnen wurde erst im Jahr 1998 als bislang unbeschriebene Art *(Leiobunum subalpinum)*[a] erkannt.

Von der Dokumentation zum Verständnis

Im ausklingenden 19. und beginnenden 20. Jahrhundert verlagerte sich die Erforschung des Glocknergebietes von der beschreibenden Dokumentation hin zu Untersuchungen größerer ökologischer Zusammenhänge. Hans Schreiber und Franz Fierbas beschrieben die nacheiszeitliche Entwicklung der Vegetation der Ostalpen und erkannten dabei, aufbauend auf pollenkundlichen Untersuchungen in Mooren, dass sich die Zusammensetzung der Vegetation sowie die Lage der Waldgrenze aufgrund von wechselndem Klima mehrmals geändert hatten. Im Sommer 1929 machten Josias und Gabriella Braun-Blanquet im Pasterzengebiet erste Vegetationsaufnahmen. Zu Beginn der 1930er-Jahre wurde das Gebiet als erstes Gebiet Österreichs gleichzeitig geologisch (von Hans Peter Cornelius und Eberhard Clar)[b] und vegetationskundlich (von Helmut Gams)[c] erfasst. Zusammen mit den umfassenden Auflistungen zur Landtierwelt der Hohen Tauern, die Herbert Franz 1943[d] mitten in den Wirren des ausklingenden Zweiten Weltkrieges veröffentlichte, wurde das Gebiet der Hohen Tauern zu einem der wissenschaftlich bestdokumentierten Ausschnitte der Ostalpen.

Josef Mann war Präparator am k. u. k. naturhistorischen Hofmuseum in Wien. Auf zahlreichen Reisen sammelte er Belege zu verschiedenen Insektengruppen. Unter anderem besuchte er achtmal das Glocknergebiet.

David Heinrich Hoppe war einer der prominentesten Vertreter der neu aufkommenden bürgerlichen Forschergesellschaften. Er gründete 1790 in Regensburg die weltweit erste wissenschaftlich-botanische Gesellschaft. Um seine Reisen zu finanzieren, verkaufte er Teile seiner Sammelausbeute, seine Herbarbelege findet man heute in vielen Museen weltweit.

a Komposch, Ch. (1998): Leiobunum subalpinum n. sp., ein neuer Weberknecht aus den Ostalpen (Opiliones: Phalangiidae). Wissenschaftliche Mitteilungen aus dem Nationalpark Hohe Tauern, 4: 19–40.

b Clar, E.; Cornelius, H.P. (1935): Erläuterungen zur geologischen Karte des Großglocknergebietes 1:25.000. Wien.

c Gams, H. (1936): Beiträge zur pflanzengeographischen Karte Österreichs. Die Vegetation des Großglocknergebietes. In: Abh. d. zool.-botan. Ges. Wien 16/2, S.1–79.

d Franz, H. (1943): Die Landtierwelt der mittleren Hohen Tauern. Denkschr. d. Akad. d. Wiss. Wien, math.-naturwiss. Kl. 107, 552 S.

Von der Erstbesteigung des Glockners zum Beginn der Gletscherforschung
Kein Auge für die Pasterze

Die Geschichte der Erstbesteigung des Großglockners unter Bischof Salm gehört zu den „großen" Narrationen in der Geschichte der bergsteigerischen Erschließung der Alpen. Sie ist von der Historikerin Marianne Klemun[21] neu untersucht und als Ergebnis ihrer Forschungen anlässlich des 200-Jahr-Jubiläums der Erstbesteigung auch umgeschrieben worden: Vier einheimische Bauern und Pfarrer M. Hautzendorfer (der damals in Rangersdorf wirkte) standen demnach am 25. Juli 1800 als erste Menschen auf dem Gipfel. Das Hauptverdienst der Arbeiten von Klemun liegt jedoch darin, die Expeditionen, die zu diesem auch überregional bedeutenden alpinistischen Erfolg führten (sofern man hierbei schon von Alpinismus sprechen kann), in all ihren kulturellen, soziologischen und wissenschaftshistorischen Bezügen ausgelotet sowie in vielen Facetten in ein neues Licht gerückt zu haben.

Ohne hierbei ins Detail gehen zu können, kann festgehalten werden, dass das Hauptinteresse der Expeditionsteilnehmer keinesfalls den Gletschern galt. Die Pasterze wurde von der Aufstiegsroute gar nicht berührt, weil diese so weit als möglich auf (durch die bergbäuerliche Nutzung, besonders die Almwirtschaft) bekanntem Terrain verlaufen sollte und daher durch das Leitertal und über das damalige Leiterkees gewählt wurde. Diese schon beim ersten Ersteigungsversuch 1799 auch mit einer Hütte verbesserte Route – über diese erste „Schutzhütte" der Ostalpen gibt es reichlich Literatur[22] – blieb bis in die Mitte des 19. Jahrhunderts auch die einzige.

Aber nicht nur die Routenwahl entzog die Pasterze den Blicken der Expedition, auch die Teilnehmer hatten letztlich andere Interessen. Zum einen ging es ihnen um eine „Domestizierung des Berges" oder eine sozial motivierte Selbstinszenierung durch die Überwindung der Schwierigkeiten bei dessen Ersteigung. Die andere wichtige Motivation war das Sammeln von verschiedenen naturwissenschaftlichen Informationen, die im Einzelnen bei Klemun 2000 dokumentiert sind. Zu diesen gehörten damals noch keine Daten in Bezug auf die Gletscher. In dem Zusammenhang ist hervorzuheben, dass in dieser Zeit die Botanik stark im Vordergrund stand, weshalb auch der Botaniker Sigismund von Hohenwart als der wichtigste Initiator der Erstbesteigungs-Expeditionen – neben dem Fürstbischof Salm als Mäzen – gilt. Bei den Expeditionen selbst aller-

---

21 Klemun, M., 2000(a), a.a.O.

22 Zuletzt: Mandl, F., 2007: Salms Hütte am Großglockner. Wir wandern auf den Spuren der Vergangenheit. – Berg 2007, Alpenvereinsjahrbuch „Zeitschrift" 131, S. 260–267.

dings scheint das Botanisieren keine dominante Aktivität gewesen zu sein. Verfügbare Informationen zur Pasterze waren in dieser Zeit somit nicht mehr als bloß einige vage Angaben ihre Größe betreffend (erste Abschätzung durch Wulfen 1795). Auf den ersten Karten (unter anderem jene von Dedovich 1802) erschien die Pasterze erstmals in flächenhafter, wenn auch in den Umrissen noch extrem ungenauer Darstellung.

Die ersten Forscher konzentrieren sich auf die Pflanzenwelt

Als Nestor der Botanik in Kärnten gilt Franz Xaver Wulfen (1728–1805), der in seinem leidenschaftlichen Drang, neue Pflanzen zu entdecken, als wohl erster Mensch systematisch auch entlegene Landesteile bereiste. Dabei wurde er ganz nebenbei zum Pionier des frühen Alpinismus – ohne, soweit man das aus seinen Schriften beurteilen kann, wirklich einen Blick für landschaftliche Schönheit oder am

Bis zum Jahr 1869 nahmen die frühen Alpinisten ihren Weg zum Großglockner über dessen Südseite und mieden dadurch die Pasterze – hier der Blick auf die Glockner-Südseite vom Glödis (Schobergruppe).

23 Zitiert nach: Klemun, M., 2000(a), a.a.O.

"Expedition auf die Pasterze" aus J. Wagners "Album für Kärnten" (Lithografie). Auf dieser Lithografie von 1845 erkennt man rechts im Bild die 1835 errichtete Johannishütte (die spätere Hofmannshütte), und dass man diese bei hohem Gletscherstand auf dem Weg über das Eis erreichte.

Erreichen eines Berggipfels nennenswertes Interesse (das über das rein botanische hinausging) zu haben. Er war offenbar 1791 das erste Mal an der Pasterze, erwähnt dabei aber bloß das „Kös" (Kees = noch heute übliche Bezeichnung für Gletscher in den Zentralalpen östlich des Brenner), die „alpes glaciales" und den „allerhöchsten Glockner"²³. Als Doyen der jungen, sich etablierenden Naturwissenschaft in Klagenfurt war er auch bei den Erstbesteigungs-Expeditionen mit von der Partie.

Viel wichtiger für die botanische Erforschung der Glocknergruppe war in der Folge jedoch der in Regensburg wirkende Pharmazeut David Heinrich Hoppe (1746–1846), der sich erstmals 1798 und in den vier ersten Jahrzehnten des 19. Jahrhunderts alljährlich in Heiligenblut aufhielt und dorthin auch die wesentlichsten Fachvertreter der Botanik zu Exkursionen lockte. Eine weitere Leistung Hoppes war die Popularisierung der Botanik, aber auch der Glocknergruppe und des Alpinismus ganz allgemein durch die von ihm intensiv betriebene Publikationstätigkeit. Hoppe war es auch, der 1813 die Gamsgrube, das sonnseitige Kar am Fuß des Fuscherkarkopfes, als botanisches Kleinod entdeckte. Der Aufstieg dorthin rückte unversehens wieder die Pasterze in den Vordergrund, verlief diese Route doch bis zur Errichtung des heute dorthin führenden Touristenweges 1935 über das Eis der Pasterze. Diesen Weg nahmen aber nicht nur die Botaniker, sondern schon lange vor ihnen auch die Almleute und Halter, die das dort weidende Vieh beaufsichtigten – der einfache Hirtenunterstand am Rande der Gamsgrube diente 1832 nicht nur Hoppe, sondern auch Erzherzog Johann als Nachtlager. Die nicht eben angenehmen Bedingungen dort veranlassten ihn drei Jahre später, den Bau einer Hütte, die erst nach ihm selbst und später nach dem Alpinisten Karl Hofmann benannt wurde, in Auftrag zu geben. Nach der Ära Hoppe wurde es um die botanische Erforschung der Glocknergruppe wieder etwas ruhiger, doch sollte das Umfeld der Pasterze ab den 1930er-

Jahren erneut zu einem „Hot Spot" für die Untersuchung der Pflanzen- und Tierwelt werden.

Erzherzog Johann macht sich über die Gletscherbewegung Gedanken

Das Verdienst, als Erster sein primäres Interesse auf die Pasterze, also auf den Gletscher selbst und nicht bloß auf diverse Erscheinungen in seiner Umgebung, gerichtet zu haben, gebührt nach heutigem Kenntnisstand einer Persönlichkeit, die man zwar mit dem Hochgebirge, aber nicht unbedingt mit Gletschern in Verbindung bringt: Erzherzog Johann. Der Wahlsteirer durchstreifte von etwa 1800 bis zu seinem Tod weite Teile der Ostalpen und führte darüber akribisch Buch. Sein erster Besuch an der Pasterze datiert auf 1832, wobei die Gruppe – von einer Expedition wie zu Salms Zeiten kann jetzt nicht mehr die Rede sein – nach

Die Gamsgrube, die geräumige Karmulde am Südfuß des Fuscherkarkopfes, ist eine klassische Lokalität der frühen botanischen Erforschung der Alpen – später sollten heftige Auseinandersetzungen um großtechnische Erschließungsvorhaben entbrennen.

Drei Ausschnitte aus dem umfassenden Panorama vom Mittleren Bärenkopf, fotografiert im September 2010 – Erzherzog Johann hat die erste Beschreibung dieses Rundblickes gegeben. Unten: Blick nach Westen über die Hohe Riffl zum Großvenediger, Rechts oben: nach Südosten zum Fuscherkarkopf und zur Schobergruppe. Rechts unten: nach Osten zum Großen Bärenkopf mit der Ankogelgruppe rechts und dem Dachstein links davon.

einer Möglichkeit suchte, auf direktem Weg von Heiligenblut nach Kaprun zu gelangen.

Hierzu wurde das unveröffentlichte Tagebuch Erzherzog Johanns für 8. Juni– 31. Dezember 1832 (Steiermärkisches Landesarchiv, Archiv Meran K98/3, Graz) von Viktor Kaufmann, Graz, neu bearbeitet, transkribiert und in dankenswerter Weise zur Verfügung gestellt. Das genaue Studium des Originaltextes scheint eine Umschreibung der Erschließungsgeschichte notwendig zu machen. In der bergsteigerischen Literatur wird bislang meist kolportiert[24], dass Erzherzog Johann das Riffltor erreicht habe. Dies passt jedoch weder zur Beschreibung des Anstieges noch zu der des Panoramas an dem im Tagebuch nicht benannten Umkehrpunkt (bis zu den Gebirgen beiderseits des Ennstales in der Steiermark): Aus den Ausführungen ist vielmehr zu schließen, dass Erzherzog Johann und seine Gruppe mit größter Wahrscheinlichkeit die erste (touristische) Ersteigung des Mittleren

**Erzherzog Johann
von Österreich**
(1782–1859)
Politiker, Bergsteiger und
Naturliebhaber, Mitglied
des österreichischen
Kaiserhauses, wirkte
schwerpunktmäßig in Tirol
und der Steiermark

„Die Schluchten und Vertiefungen mit den Hoch Gletschern ausgefüllt, welche sich in die größeren, tieferen Eisflächen ergießen und diese wieder in die Tiefe der Thäler – gleich dem Gesetze der Quellen und Bäche sind die Eisfelder, die entstehen, sammeln sich, füllen aus, vereinigen sich von allen Seiten gegen die Tiefen, schieben dahin und füllen die Tiefen. Dadurch geschiehet es, dass mitten die Gletscher höher, gegen die Thalränder tiefer, das ganze abgerundet wie ein flaches Gewölbe wird. Nun schiebet es die unten gesammelte Masse auf ihrem Grunde [...] oder einen Steindamm vor sich vortreibend, wenn es im Thale vorrücket."[25]

24 z.B. End, W., 2003:
  Alpenvereinsführer
  Glocknergruppe und
  Grantspitzgruppe. –
  Bergverlag Rother,
  München, 10. Aufl., 697 S.

25 Klemun, M., 2000(a), a.a.O.

Der Blick vom Hohen Sattel (nahe der späteren Franz-Josefs-Höhe) auf Pasterze und Großglockner, wie ihn T. Ender 1832 festhielt.

26 Beschreibung der Eisbewegung, der Topografie und der Moränen der Pasterze aus dem unveröffentlichten Tagebuch Erzherzog Johanns 1832; StLA Archiv Meran K98/3, Transkription V. Kaufmann, Graz.

Bärenkopfs (3359 m) vollführten, 27 Jahre vor der bisher überlieferten Erstbesteigung durch Franz Keil!

Erzherzog Johann interessierte sich bei dieser Unternehmung aber ganz besonders für die Gletscher: So etwa versuchte er durch Skizzen die Topografie der Pasterze festzuhalten, erkannte richtig, dass sich die Gletscherzunge aus verschiedenen Teilströmen zusammensetzt und beschrieb die – beim damals herrschenden kräftigen Gletschervorstoß – auffälligen Endmoränen in ihrem Entstehungsprinzip korrekt, wie das beigegebene Zitat beweist.[26]

Die Leistungen Erzherzog Johanns spiegeln sich auch in der Benennung der von ihm gestifteten Johannishütte am Rand der Gamsgrube, des Johannisberges (3453 m), jenem „hohen breiten Eiskopf, den niemand zu nennen wusste" – wie der Erzherzog in seinem Tagebuch am 8. August 1832 vermerkte, sowie der 1879/80 errichteten Erzherzog-Johann-Hütte auf der Adlersruhe wider. Diese Leistungen wären jedoch nur unzureichend gewürdigt, wenn man nicht auch den in seinem Auftrag arbeitenden Kammermaler Thomas Ender (1793–1875) berücksichtigte. Dieser hielt sich im Auftrag des Erzherzogs zweimal an der Pasterze auf und schuf instruktive Aquarelle und Ölbilder, die dieselbe Ausdehnung des Gletschers wie die im folgenden Kapitel vorgestellte Karte von Czykanek zeigen. Eines der beiden Bilder lässt erkennen, dass die Pasterze bei ihrem Vorstoß, der durch die gut wiedergegebene steile Aufwölbung der Gletscherstirn visualisiert wird, bereits den Großteil der Margaritze unter Eis begraben hat und im Vordergrund den „Grünsee" aufzustauen beginnt. Bei starken Vorstößen bildete sich dieser kleine See durch Rückstau der von den Leiterköpfen und der Stockerscharte herabfließenden Bäche immer wieder – schon Hacquet hatte von einem Ausbruch dieses Sees beim letzten Gletschervorstoß um 1780 berichtet.[27]

Erste gute Gletscherkarten zum Höhepunkt des 1850er-Vorstoßes: Czykanek und die Brüder Schlagintweit

Sowohl aus strategischen Gründen als auch als notwendige Grundlage für das „Bereisen" der Alpen kam in der ersten Hälfte des 19. Jahrhunderts verstärkt die Nachfrage nach großmaßstäbigen sowie detailreichen und -getreuen

27 Siehe das Kapitel: Belsazar Hacquet „ebnet" den Weg ins Hochgebirge

Als zweites Motiv von der Pasterze wählte T. Ender 1832 den Blick von Südosten her (von einer Stelle am heutigen Wiener Höhenweg zur Stockerscharte) auf den Gletscher, der bei seinem Vorstoß zu diesem Zeitpunkt die Margaritzensenke schon fast zur Gänze bedeckt und den Grünsee (Vordergrund) aufgestaut hatte.

28 Nicolussi, K.; Patzelt, G., 2001: Untersuchungen zur holozänen Gletscherentwicklung von Pasterze und Gepatschferner. – Zeitschrift für Gletscherkunde und Glazialgeologie 36, Innsbruck, S. 1–87.

29 Paschinger, V., 1948: Pasterzenstudien. – Carinthia II, XI. Sonderheft, Klagenfurt, 119 S.

30 Schlagintweit, A., H., 1850: Untersuchungen über die Physicalische Geographie der Alpen; in ihren Beziehungen zu den Phänomenen der Gletscher, zur Geologie, Meteorologie und Pflanzengeographie. – Leipzig, 398 S.

Die Brüder Schlagintweit und ihre erste genauere Karte der Pasterze.

Karten auf. Die Josephinische Landesaufnahme (1763–1787) hatte zwar das erste für (fast) ganz Österreich einheitliche Kartenwerk erstellt, doch wurden die Karten nicht publiziert und hätten auch allen methodischen Fortschritten zum Trotz gerade im Hochgebirge die genannten Ansprüche kaum erfüllen können. Dasselbe gilt im Falle der Pasterze auch für den sonst in Bezug auf seine Qualität epochalen Atlas Tyrolensis von Peter Anich und Blasius Hueber (1760–1774), der zwar in der Glocknergruppe auch auf Kärntner Territorium übergreift, inhaltlich aber klar zum Ausdruck bringt, dass die beiden Kartenautoren niemals hier gewesen sein können.

So kam es zwischen 1806 und 1869 zur Durchführung der Zweiten oder Franziszeischen Landesaufnahme, in deren Verlauf 3333 Kartenblätter im Maßstab 1:28.800 hergestellt wurden. Diese selbst wurden zwar auch nicht veröffentlicht, wohl aber verschiedene daraus abgeleitete Karten kleinerer Maßstäbe. Die Kartenaufnahme wurde der Reihe nach für die einzelnen Kronländer durchgeführt (daher auch „Kronlandskarte"), wobei die Pasterze zweimal, nämlich 1807–1808 mit Salzburg und 1830–1835 mit Kärnten („Königreich Illirien"), aufgenommen wurde. Diese zweite Bearbeitung erfolgte durch einen nicht näher bekannten Vermessungsingenieur mit Namen Czykanek, der insbesondere die Gletscher mit solcher Liebe zum Detail darstellte, dass ihre damalige Ausdehnung recht problemlos in eine moderne Karte übertragen werden kann. Wie die verkleinerte Reproduktion des Kartenblattes, das die Pasterze beinhaltet, zeigt, hat der Gletscher eine Ausdehnung, die der beim wenig später erreichten Hochstand um 1850 schon sehr ähnlich ist.

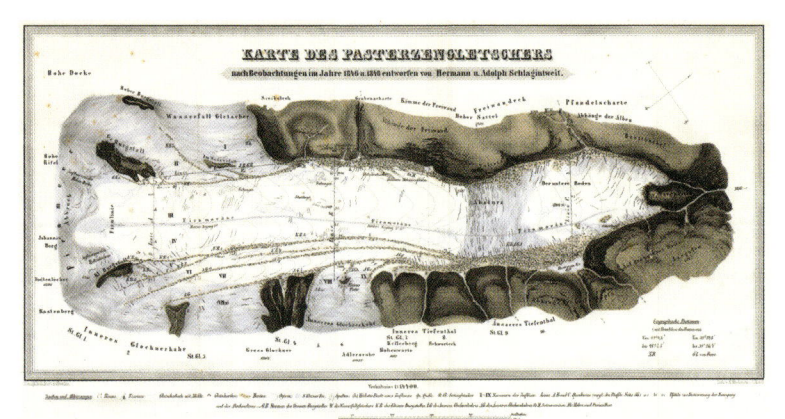

Der Höhepunkt des Gletschervorstoßes in der Mitte des 19. Jahrhunderts, der in der Literatur meist als „Hochstand von 1850" oder als „Little Ice Age Maximum" bezeichnet wird, war an der Pasterze im Jahr 1852 erreicht. Damals wurde vom vorrückenden Gletscher ein Baum umgeschoben, der etwa 2 km vom heutigen Gletscherende entfernt in der Schlucht unterhalb der Margaritzen-Staumauer wuchs. Mithilfe seiner Jahresringe konnte das Absterbe-Alter festgestellt werden.[28] In den historischen Quellen, die aus dieser Zeit schon recht zahlreich existieren[29], ist hingegen meist von 1856 die Rede. Wahrscheinlich blieb der Gletscher vier Jahre lang in seiner Maximalausdehnung konstant. Diese ist durch Moränenwälle und Vegetationsgrenzen bis zum heutigen Tag noch sehr gut in der Landschaft erkennbar, was man etwa bei der Wanderung entlang des „Gletscherweges Pasterze" beobachten kann. Es gibt aber auch eine Karte des Gletschers, die nur wenige Jahre vor dem Hochstand von den beiden jungen Münchener Naturwissenschaftern Adolph und Hermann Schlagintweit, die 1846 und erneut 1848 in Heiligenblut Forschungsaufenthalte absolvierten, aufgenommen wurde.

Diese ihren „Untersuchungen über die Physikalische Geographie der Alpen"[30] beiliegende „Karte des Pasterzengletschers" gehört zu den frühesten Werken der Gletscherkartografie und visualisiert allein durch den in ihr abgebildeten Geländeausschnitt, dass nun das zentrale Interesse wirklich dem Gletscher gilt. Und was bei Erzherzog Johann nur angedeutet ist oder sich bei Czykanek dem Ziel einer flächendeckenden Landesaufnahme unterordnen musste und deshalb fehlt, ist nun mit akribischer Detailtreue verortet und beschrieben: Die Teilströme der Gletscherzunge, die Moränenbedeckung, die Spaltenzonen und die Nunataker (eisumflossene Felsinseln), ergänzt durch einige instruktive Skizzen. Die Schlagintweits formen somit ein Bild der Pasterze, das an Genauigkeit und Detailreichtum zuvor nicht annähernd erreicht worden war. Diese Arbeiten an der Pasterze hatten eine beachtliche Breitenwirkung und die Karte wird vielfach als Meilenstein der Gebirgskartografie[31], wenn nicht überhaupt als Beginn der Gletscherforschung in den Ostalpen, angesehen. An der Pasterze beginnt damit auf jeden Fall die gezielte Erforschung des Gletschers, deren Grundzüge wir in den folgenden Kapiteln weiter verfolgen werden. Die Brüder Schlagintweit setzten bald darauf ihre nicht zuletzt an der Pasterze erworbenen Qualifikationen im wissenschaftlichen Umgang mit dem Hochgebirge in einer anderen Weltgegend um: Sie widmeten sich der Erforschung des damals noch so gut wie unbekannten Himalaja.

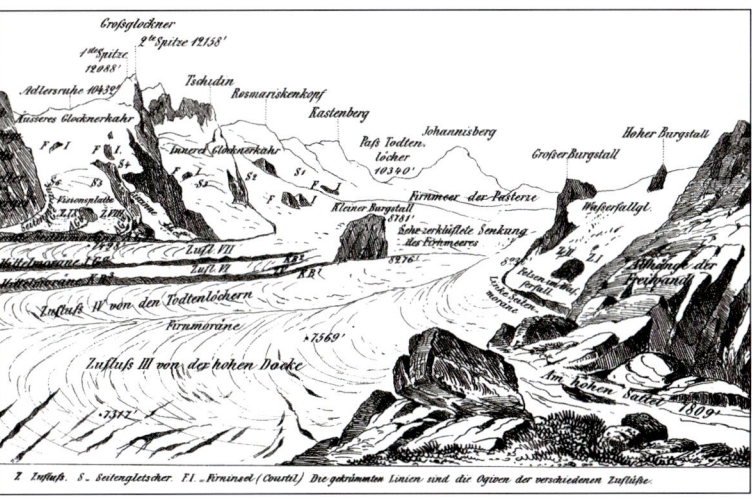

Oben: Pasterzengletscher 1848 von H. Schlagintweit (aus H. u. A. Schlagintweit, 1850). Unten: Erläuterungen zu obiger Karte von H. Schlagintweit mit exakter gletscherkundlicher Interpretation der von der späteren Franz-Josefs-Höhe sichtbaren Landschaftselemente.

31 Brunner, K., 1990: Gletscherdarstellungen in alten Karten der Ostalpen. Institut für Photogrammetrie und Kartographie der Technischen Universität München (Hrsg.), S. 27–40.

Das Gletschervorfeld der Pasterze – Pioniere und Spezialisten am Rande des Eises

Susanne Gewolf

Geboren 1979, studierte in Salzburg Biologie mit Schwerpunkt Botanik. Ihre Diplomarbeit befasste sich mit botanischen Fragestellungen in einem Pinzgauer Gletschervorfeld. Nach dem Diplomstudium beschäftigte sie sich mit populationsbiologischen Fragestellungen in Gletschervorfeldern der Alpen, unter anderem auch im Gletschervorfeld der Pasterze. Susanne Gewolf ist als Vegetationsökologin bei einer Ziviltechnikerfirma in Lienz tätig.

Durch das Abschmelzen der Gletscher wird immer wieder Neuland freigegeben, welches von Pflanzen und Tieren sukzessive erobert wird. Im Gletschervorfeld, dem Gebiet zwischen den letzten historischen Gletscherhochständen und dem heutigen Eisrand, kann somit das Entstehen von komplexen Ökosystemen von Beginn an beobachtet und erforscht werden.

In unmittelbarer Nähe zum Gletscher herrschen unwirtliche Lebensbedingungen. Der Gletscher hat vor seiner Zunge größere Schuttareale gebildet. Erdreich fehlt, und Nährstoffe für pflanzliches Wachstum sind daher kaum vorhanden. Oft treten starke Winde auf und die Vegetationszeit ist sehr kurz. Die jüngst eisfrei gewordenen Bereiche sind noch sehr dynamisch, werden ständig vom Einfluss des Gletscherbaches geprägt und fast jedes Jahr zeigt sich das Gelände im Gletschervorfeld der Pasterze deutlich verändert. Trotzdem findet sich in dieser widrigen Umgebung schon pflanzliches Leben. Als Erstbesiedler, sogenannte Pioniere, gibt es aber nicht nur anspruchslose Pflanzen wie Moose oder Algen, sondern auch Blütenpflanzen. Im Vorfeld der Pasterze treten vor allem Steinbrech-Arten als Erstes auf. Zu den Pionierpflanzen zählen besonders der **Bach-Steinbrech** (*Saxifraga aizoides*), der **Gegenblatt-Steinbrech** (*Saxifraga oppositifolia*) und der **Zweiblüten-Steinbrech** (*Saxifraga biflora*). Ebenso kommen regelmäßig das **Einblüten-Hornkraut** (*Cerastium uniflorum*) und das **Kriech-Gipskraut** (*Gypsophila repens*) vor.

Die Eroberung des neu entstandenen Lebensraumes wird durch keine Regeln gesteuert. Je nach Höhenlage, umgebender Vegetation, Lokalklima, Grad der Bodenruhe und weiteren Faktoren sind ganz verschiedene Muster möglich. Oftmals ist es der Zufall, der entscheidet, welcher Samen auf einen Standort trifft, wo das Entstehen von neuem Leben möglich ist.

Durch diese ersten Pioniere wird die weitere Vegetationsentwicklung eingeleitet, der Boden stabilisiert und mit Nährstoffen angereichert. Ausgehend von einer zuerst sehr spärlichen Vegetation bilden sich kleinere Rasenfragmente, die anderen Tier- und Pflanzenarten geschütztere Bedingungen bieten. Somit können immer mehr unterschiedliche Pflanzenarten aufkommen und diese verdrängen in weiterer Folge oftmals die Erstbesiedler. Diese zeitliche Abfolge der Wiederbesiedelung eines Standortes wird auch als „Sukzession" bezeichnet. Innerhalb einiger Jahrzehnte bis Jahrhunderte bilden sich anspruchsvollere und dauerhaftere Pflanzenbestände.

So trifft man im Gletschervorfeld der Pasterze bereits auf Alpenrosenheiden. In weiterer Folge wachsen auch die ersten Lärchen, die sich in den bereits länger eisfreien und tiefer gelegenen Bereichen im Vorfeld der Pasterze angesiedelt haben.

Alpine Pionierformationen im Gletschervorfeld der Pasterze

Bei der Besiedlung eines Gletschervorfeldes gibt es gerade in der Nähe des Gletscherbaches immer wieder sehr dynamische, vom Wasser geprägte Bereiche, die zeitweise überflutet und erodiert werden. Mit diesen oftmals länger andauernden Überstauungen können nur sehr wenige Pflanzenarten umgehen. Aus den sich ständig ändernden Standortbedingungen entstehen kleinräumige, ineinander verwobene Pflanzenformationen. Im Gletschervorfeld der Pasterze werden diese Bereiche, die oftmals wochenlang überflutet sind, von der **Zweifarben-Segge** (Carex bicolor) dominiert. Sie gehört zur Familie der Sauergräser und hält dieses Überangebot an Wasser problemlos aus. Dieses Sauergras ist eine Charakterpflanze genau solcher alpiner Pionierformationen.

Eine weitere ist die **Schwarzrot-Segge** (Carex atrofusca), eine der seltensten Pflanzen in den Ostalpen. Sie benötigt von Wasser überrieselte Standorte. Die alpinen Pioniergesellschaften sind besonders schützenswerte und von Natur aus seltene Pflanzenformationen, jedoch im Gletschervorfeld der Pasterze vergleichsweise häufig anzutreffen.

Oben: **Bach-Steinbrech** (Saxifraga aizoides)

Unten: **Zweifarben-Segge** (Carex bicolor)

Hohe Rifl od Stubacher Höhe

Königreich Illirien
Villacher Kreis

Johann's B.
(Herzoglmt)

Oberster Pasterzen Kees

Obrer-

Fuschkaarhöhe

Kasten B.
-Burgstall-
-Untrer-
Grubenschartl

Ramarischken Wand Kopf
Obrer Pasterzen Kees boden

Tschidin Kopf

Gross Glockner

Adlersruhe

Kaiser Gössnitz Kees
Hohe Wart

Leiter Kees

Obre Schwert

Schwert

Hohe Wand Sp.

Section N.ro 1. Westliche Collonne N.ro IX

Maßstab von einer halben oesterreichischen Meile zu 2000°

U R G

Ob. Pfandelscharten
Kloben
Brem Kg.
Bären (Pfandelscharten) K.
Unt. Pfandelsch.
Spillnam
Bremkogelscharten
Pfandelscharten Kees
Bretterscharten
Bretter ore
nach Rauris
nach Rauris
Gratten
Racherin
Gipes Alpe
Hohenthor
Magretz K.
RossScha
Wasserok K.
Tauern Alpe
Albitzhöhe
Heiligen Blut
Tauern Feld
Altesen
Zeis
Schareck
Meliken Wand
untre Pasterzen
scharte
Oberworzl
P
St Brixius
Harg Wand
Mariahilf
Kaaser Eck
Stellwand

Gletscherforschung und Alpinismus etablieren sich
Kaiserlicher Besuch als touristischer Motor

Um die Mitte des 19. Jahrhunderts waren Großglockner und Pasterze – der Gletscher obendrein bei seinem Hochstand so eindrucksvoll wie seit damals nie mehr – als überregional bekanntes Landschaftsensemble längst zu einem symbolhaften Emblem der österreichischen Alpen geworden. In dieser Wertschätzung stellten sie offenbar auch die höchsten Berge des damaligen Österreich, den Ortler (3905 m) und die Königsspitze (3851 m) in Südtirol, in den Schatten, obwohl auch diese eine großartige Szenerie aus Felsbergen und weit ausgedehnten Gletscherflächen bilden. Aber schon die Erstbesteigung des Ortler erfolgte um vier Jahre später als die des Großglockners und war auch, wenngleich von Erzherzog Johann initiiert, ein ungleich bescheideneres Unternehmen ohne Selbstinszenierung einer Bildungselite, auch wenn am Ortler ebenso wie am Glockner bei der Erstbesteigung eine barometrische Höhenmessung durchgeführt wurde.[32]

Vor diesem Horizont nimmt es nicht Wunder, dass schon 1856 das österreichische Kaiserpaar – nur acht Jahre nachdem Franz Josef den Thron bestiegen hatte und zwei Jahre nach sei-

An den 1856 erfolgten Besuch des Namengebers erinnern auf der Franz-Josefs-Höhe neben diversen Andenken in den Souvenir-Shops eine Gedenktafel und die Statue des Kaisers.

32 Schwenkmeier, W., 2004: Die Taten des Pseirer Josele und ‚Traunius'. Seit 200 Jahren wird der Ortler bestiegen, seit 150 Jahren die Königsspitze. – Berg 2004, Alpenvereinsjahrbuch „Zeitschrift" 128, S. 72–79.

ner Heirat mit Elisabeth – die Pasterze als Programmpunkt einer Reise durch die Steiermark und Kärnten besuchte. Wie schon bei Erzherzog Johann begegnen wir auch hier wieder dem Phänomen, dass die kaiserliche Visite die Neuvergabe von Örtlichkeitsnamen nach sich zog: Die Wiesenschulter etwas westlich vom Hohen Sattel hatte schon für Thomas Ender und die Brüder Schlagintweit einen perfekten Standort für ihre Pasterzen-Studien geboten. Bis hierher kam nun auch der Kaiser, bewunderte den atemberaubenden Blick und „hinterließ" einen neuen Namen für diese Stelle (2370 m), die ein dreiviertel Jahrhundert später als Endpunkt der Großglockner-Hochalpenstraße zu einem der meistbesuchten Aussichtsplätze der gesamten Alpen werden sollte, die Kaiser-Franz-Josefs-Höhe.

Kaiserin Elisabeth blieb im Gegensatz zu ihrem Gemahl, der als Gämsenjäger durchaus bergerprobt war, tiefer unten zurück, und zwar auf einer von weichem Almrasen bedeckten Hangverflachung in 2132 m Höhe namens Unterer Bretterboden („Bretter" ist die ortsübliche Bezeichnung für steile, glatte Felshänge). Sie bekam von hier zwar keinen Eindruck von der Länge der Gletscherzunge, hatte aber ebenfalls einen wunderbaren Blick auf den damals mächtigen und wild zerrissenen Eisfall am unteren Ende der Pasterze, der sich unterhalb ihres Standortes noch in die Tiefe der Möllschlucht hinabzog. Die bei der Bevölkerung beliebte „Sissi" wurde Namenspatronin der von ihr besuchten Stelle, die seitdem „Elisabethruhe" heißt und seit 1876 das Glocknerhaus trägt, sowie des Felskopfes, der etwa 1 km westlich dieser Stelle um 1878 als Folge des Gletscherrückganges aus dem Eis „auftauchte" (Elisabethfelsen, 2155 m). Der Besuch des Kaiserpaares trug sicherlich massiv zur weiteren Popularisierung des Gebietes bei, die aus Heiligenbluter Perspektive zunehmend erwünscht war, bekam das Kärntner „Glocknerdorf" in dieser Zeit doch vermehrt Konkurrenz durch sein Pendant auf der Tiroler Seite, das Dorf Kals.

Hofmann und Pallavicini machen die Pasterze bergsteigerisch interessant

Mehr als ein halbes Jahrhundert nach der Erstbesteigung des Großglockners wurde 1854 erstmals eine alternative Route gefunden, und zwar von Kals aus. Da die Heiligenbluter Bergführer aufgrund ihrer langen Monopolstellung für Glockner-Besteigungen in der Zwischenzeit überhöhte Preise verlangten, war auch von Seite der Nachfragenden das Interesse an einem anderen Ausgangspunkt als Heiligenblut gestiegen. Damit war die bis zum heutigen Tag spürbare Konkurrenz zwischen Kals und Heiligenblut entstanden: Mit fairen Preisen für geführte Touren, der vom Prager Kaufmann Johann Stüdl finanzierten Anlage von Bergwegen und der nach ihm benannten Schutzhütte zogen die Kalser zunehmend die Glockner-Aspirantinnen und -Aspiranten an.

Karl Hofmann (1847–1870) Jusstudium in München, Bergfreund Stüdls, fiel unmittelbar nach seinen bedeutenden Neutouren in der Glocknergruppe im deutschfranzösischen Krieg.

„Mehr als jemals vorher regte sich in mir die Lust, den directen Anstieg von der Pasterze auf die höchste Glocknerspitze einmal auszuführen. Es wäre dies ein grossartiges Unternehmen, doch müssten hierbei bedeutende Hindernisse überwältigt werden. Vor Allem wäre ein furchtbar zerklüfteter Eishang zu überschreiten, um zu jener steilen Eisrinne zu gelangen, die […] zur Scharte emporzieht. Die Neigung der Scharte beträgt in ihrer Gesamtheit 62°, so dass, wenn nicht der Schnee besonders günstig ist, bis zur Scharte hinauf Stufen gehauen werden müssten. […] für dieses Jahr war die Excursion unausführbar geworden, doch zweifle ich nicht daran, dass sie über kurz oder lang von einem verwegenen Bergsteiger unternommen wird."[33]

33 Anregung zur Durchsteigung der später nach Pallavicini benannten Eisrinne in Hofmanns posthum erschienenem Beitrag in der Zeitschrift des Deutschen und Oesterreichischen Alpenvereins 1870/71.

Das Hofmannskees um 1870 (unten) und 2008 (oben) – damals gerade als Anstiegsweg zum Großglockner entdeckt, ist diese Route heute wegen des Gletscherrückgangs gefährlich geworden und wird nur mehr selten begangen. Unten: Der Glockner mit dem Hofmannskees, gezeichnet nach einem Foto von G. Jägermayer, Jb DAV, 1871).

Rechte Seite: Die legendäre Pallavicinirinne war das erste Ziel des extremen Alpinismus an der Pasterze. Der Tele-Blick aus nordöstlicher Richtung im Jahr 2008 lässt erkennen, dass die Rinne, welche in der Oberen Glocknerscharte direkt links vom Gipfel des Großglockners ihren Ausgang nimmt, nur mehr im Mittelteil eine Eisrinne ist.

34 Pusch, W.; Baumgartner, L., 2000: Großglockner. – Bergverlag Rother, München, 128 S.

35 Klemun, M., 2000(a), a.a.O.

Im Jahr der Eröffnung des versicherten Steiges über den Stüdlgrat 1869 erreichten erstmals mehr Personen von Kals aus den Gipfel des Großglockner als von Heilgenblut.[34]

Die Pasterze hatte inzwischen, um mit Klemun[35] zu sprechen, „Gestalt gewonnen", großes wissenschaftliches Interesse geweckt und war durch den Besuch des Kaiserpaares gewissermaßen geadelt worden. Für die Bergsteigerinnen und Bergsteiger jedoch lag dieser Gletscher immer noch im Abseits, denn nach wie vor war die gesamte Nordost-Flanke des Glocknerkammes, also die Abdachung des Großglockners und seiner Trabanten zur Pasterze hin, eine terra incognita. Das änderte sich, als der junge Münchner Bergsteiger Karl Hofmann zusammen mit den Kalser Führern Thomas und Joseph Kerer 1869 erstmals über den später nach ihm benannten Gletscher einen technisch relativ einfachen „Durchschlupf" von der

Palavicini-Rinne

Glockner und Pallavicinirinne aus der Vogelperspektive, senkrecht von oben. Luftbild, G. Kucher, Bildflug Fischer KG, Klagenfurt 2003.

Adlersruhe zur Pasterze fand. Dieser etablierte sich in der Folge rasch als landschaftlich und alpinistisch außerordentlich attraktive Aufstiegsvariante und legte die Pasterze den Bergsteigerinnen und Bergsteigern ans Herz – und mit ihr wieder den Ausgangspunkt Heiligenblut.

Hofmann, einer der großen Proponenten des nun erwachenden sportlich orientierten Alpinismus, sollte mit seiner Prophetie recht behalten. Nachdem 1875 mit der Facilides-Rinne ein erster schwieriger Durchstieg durch die „Schauseite" des Glockners zur Unteren Glocknerscharte gelungen war, fand sich im darauffolgenden Jahr der wagemutige Wiener Markgraf Alfred Pallavicini (1848–1886) in Heiligenblut ein. Angeblich war er durch das in Wien ausgestellte, vom Kärntner Maler Markus Pernhart 1860 geschaffene 360°-Gipfelpanorama vom Großglockner auf das Gebiet aufmerksam geworden und wollte nun den von Hofmann angeregten Durchstieg versuchen. Diesen Plan setzte er am 18. August 1876 gemeinsam mit den Bergführern Georg Bäuerle, Johann Kramser und Josef Tribusser aus Heiligenblut um, wobei letzterer für seine geradezu unfassbare Leistung, alle für die Durchsteigung notwendigen 2500 Stufen allein geschlagen zu haben, berühmt wurde.

Erst 23 Jahre danach gelang die zweite Durchsteigung der Pallavicinirinne. Der Markgraf indes bezahlte nach weiteren beachtlichen bergsteigerischen Erfolgen seine Risikobereitschaft mit dem Leben: Zusammen mit einem Wiener Bergfreund und zwei Kalser Bergführern stürzte er 1886 mit einer abbrechenden Schneewächte von der Glocknerwand in den Tod. Es sollten die vier ersten Leichname von Alpinisten sein, die von der Pasterze geborgen werden mussten. Noch heute erinnern das Grab Pallavicinis und ein metallenes Gedenkbuch auf dem kleinen Friedhof neben der Heiligenbluter Kirche an diese Schattenseite der alpinen Erschließung.

Das Umfeld der Pasterze wird durch Schutzhütten erschlossen

Die Pasterze und die ihr zugewandte „Schauseite" des Großglockners hatten also spätestens seit dem kaiserlichen Besuch ganz allgemein für den Tourismus und seit Hofmann für den Alpinismus schärferer Gangart einen klingenden Namen bekommen, wodurch Heiligenblut in seiner Attraktivität wieder gegenüber Kals aufholte. Mit den steigenden Besuchszahlen entstand ein zunehmender Bedarf an Infrastruktur. Das bisherige, im Wesentlichen auf den bergbäuerlichen Bedarf (lokal auch auf den Bergbau) ausgerichtete Wegenetz wurde immer mehr als unzureichend empfunden. Besonders gravierend jedoch war das Fehlen von Unterkünften in den Hochlagen oder zumindest deren mangelhafte Ausstattung. Gerade die Alpinistinnen und Alpinisten waren bei ihren Unternehmungen auf möglichst hoch gelegene Stützpunkte angewiesen, um nicht bei den Zustiegen zu den eigentlichen Touren unnötig Zeit zu verlieren (um etwa auch der Steinschlaggefahr, die mit zunehmendem Sonnenstand und der Erwärmung im Lauf des Tages zunimmt, zu entgehen).

Wie überall in den Alpen nahmen sich auch in der Glocknergruppe die soeben gegründeten alpinen Vereine dieses neuen Aufgabenbereichs an. Der erste dieser Vereine war als „Alpine Club" 1857 in London gegründet worden, als zweiter konstituierte sich der (vorerst noch stark wissenschaftlich ausgerichtete) Oesterreichische Alpenverein 1862 in Wien. Aber erst dessen Fusion mit dem stärker touristisch orientierten, 1869 gegründeten Deutschen Alpenverein zum Deutschen und Oesterreichischen Alpenverein 1873 führte zu einem regelrechten Schutzhütten-Bauboom, der bis zum Ersten Weltkrieg andauerte. Im Gegensatz zu den meisten anderen Gebirgsgruppen der Ostalpen konnte der Alpenverein beim Aufbau des al-

Die „Schauseite" des Großglockners über der Pasterze mit ihren nur sehr schwierig durchsteigbaren Felspfeilern, Wänden und Eisrinnen, wie man sie von der Oberwalderhütte am Hohen Burgstall aus betrachten kann. Im Bild oben, veröffentlicht 1913 im Jahrbuch des Deutschen und Österreichischen Alpenvereins, erscheint der Kleine Burgstall noch als Felsinsel im Eis, was im Bild unten aus dem Jahr 2010 nicht mehr der Fall ist.

Das Bild oben zeigt die Erzherzog-Johann-Hütte auf der Adlersruhe im Aussehen, das bei der ersten Hüttenerweiterung 1891 entstand.

Unten: Die Hofmannshütte ist der älteste bergsteigerische Stützpunkt an der Pasterze 2008 – leider ist sie seit Jahren geschlossen und ihre Zukunft ungewiss.

pinen Wege- und Hüttennetzes in der Glocknergruppe aber an bereits Vorhandenes anknüpfen:

■ Schon bei der Erstbesteigung des Großglockners war auf Geheiß von Bischof Salm 1799 eine nach ihm benannte Hütte am Rand des Leiterkeeses errichtet worden. Sie hatte in der Folge ein sehr wechselvolles Schicksal mit zwei Standort-Verlegungen an die heutige Stelle (2638 m, seit 1883), weil das vorstoßende Leiterkees die erste Hütte weggeschoben hatte.

■ Nach seinen beiden Besuchen an der Pasterze 1832 und 1834 ließ Erzherzog Johann am Rand der Gamsgrube 1835 ein steinernes Hüttchen („Johannishütte") errichten, das vom alpinistischen „Entdecker" der Pasterze Karl Hofmann 1869 auf eigene Kosten wieder instand gesetzt wurde. Nach Hofmanns Tod ging der hierauf nach ihm benannte Stützpunkt (2444 m) in den Privatbesitz des Prager Kaufmanns und Alpinismus-Pioniers Johann Stüdl (1839–1925) über, der ihn schließlich 1911 der Akademischen Sektion Wien des Alpenvereins schenkte.

■ Stüdl hatte sich besonders um die Förderung von Kals verdient gemacht, wo er bereits 1868 auf eigene Kosten die ebenfalls nach ihm benannte Hütte (2638 m) errichten ließ. Sie ist bis heute der wichtigste Stützpunkt auf der Osttiroler Seite des Großglockners geblieben.

■ Eine Sonderstellung kommt der Erzherzog-Johann-Hütte auf der Adlersruhe (3454 m) zu, der höchst gelegenen bewirtschafteten Schutzhütte Österreichs, nicht der Ostalpen, wie oft behauptet wird. Die Rifugi Marco e Rosa, 3597 m, Berninagruppe, und Mantova al Vioz, 3535 m, Ortlergruppe, beide in Italien, liegen deutlich höher. Auch die Erzherzog-Johann-Hütte hatte einen Vorläufer in Form eines schon unter Salm errichteten steinernen Unterstandes. Als Schutzhütte im eigentlichen Wortsinn wurde sie jedoch 1880 eröffnet und seither sukzessive erweitert. Hinter dem Bau und der Erhaltung dieses Stützpunktes steht ein alpiner Verein – der 1879 gegründete Österreichische Alpenklub mit Sitz in Wien – dessen Hauptzweck, neben der Förderung des Alpinismus und publizistischer Tätigkeit, genau darin liegt.

Die Geschichte der Hüttenbauten spiegelt somit deutlich den Gang der bergsteigerischen Erschließung wider, weshalb das engere Umfeld der Pasterze bis weit in die zweite Hälfte des 19. Jahrhunderts hinein mit der Johannis- oder Hofmannshütte nur einen einzigen Stützpunkt aufzuweisen hatte. Mit der Etablierung des Hofmannsweges als Standardroute zum Großglockner und der geschilderten Erhebung der Pasterze und ihrer Umrahmung zur Bühne des Extremalpinismus änderte sich das rasch. 1876 eröffnete die Klagenfurter Sektion des Alpenvereins auf der Elisabethruhe das Glocknerhaus (2132 m), keinesfalls zufällig an einem ausgezeichneten Aussichtsplatz (siehe Fotos S. 96, 97). Es avancierte sehr rasch zum wichtigsten Stützpunkt auf der Kärntner Seite des Großglockners und zum zentralen „Verteiler" der Bergwege auf die umliegenden

Beinahe alle Personen, die den Großglockner besteigen, rasten oder übernachten in der Erzherzog-Johann-Hütte auf der Adlersruhe – hier im Blick aus südöstlicher Richtung gegen den Gipfel des Großglockners.

Scharten und Gipfel. Diese gewissermaßen privilegierte Position zeichnet den Standort des nach vielen Um- und Zubauten inzwischen längst zu einem architektonischen Wahrzeichen an der Glocknerstraße gewordenen Hauses immer noch aus, auch wenn ihm der Blick auf die Pasterze in den letzten Jahrzehnten des 20. Jahrhunderts abhandengekommen ist. Schon 1886 galt das Haus als „Alpenhotel" und wurde bereits 1908 von Heiligenblut aus durch einen Fahrweg erschlossen, der als Vorläufer der späteren Glocknerstraße aufgefasst werden kann.

Zu Beginn des 20. Jahrhunderts schließlich wurde das Hüttennetz an der Pasterze noch weiter verdichtet: Auf private Initiative wurde 1906 das Franz-Josefs-Haus (2418 m) am Hang wenig oberhalb der nach dem Kaiser benannten Aussichtsstelle eröffnet und vier Jahre später stellte die Wiener Sektion Austria des Alpenvereins in „eine der großartigsten Hochgebirgslagen der Ostalpen"[36] ihre Oberwalderhütte (2972 m) auf das Felsplateau des Hohen Burgstalls. Damit hatten nun auch die Hochlagen im Nährgebiet der Pasterze einen Stützpunkt, der durch seine Lage inmitten der Gletscherwelt später zu einem wichtigen alpinistischen Ausbildungszentrum wurde.

Das Muster des Verlaufs von Wegen und der Lage von Schutzhütten im Umkreis der Pasterze war am Vorabend des Ersten Weltkrieges in seinen Grundzügen fertig. Später gesellten sich hierzu das Karl-Volkert-Haus

(2153 m), weitere Gastronomiebetriebe entlang der Glocknerstraße und schließlich noch 1958 die Glockner-Biwakschachtel (3260 m) als Stützpunkt für die schwierigen Routen an den Nordostseiten von Großglockner und Glocknerwand (jeweils ohne das Hütten- und Wegenetz grundlegend zu ändern).

36 End, W., 2003, a.a.O., hier: S. 126

Links: (Oben) Die Oberwalderhütte liegt auf dem Felsrücken des Hohen Burgstalls inmitten weiter Gletscherflächen – im Hintergrund erhebt sich der Mittlere Bärenkopf. Unten: Franz-Josefs-Höhe um 1890. Verlag Stengel & Markert Dresden.

Der mächtige Hotelkomplex des Franz-Josefs-Hauses – hier auf einer Ansichtskarte der 1960er-Jahre. Das Franz-Josefs-Haus brannte am 21. September 1997 bis auf die Grundmauern nieder.

Das monumentale Glocknerrelief ist eines der herausragendsten Schaustücke des Kärntner Landesmuseums in Klagenfurt.

Paul Gabriel Oberlercher
(1859–1915)
Lehrer und Geoplast in Klagenfurt, Schöpfer des großen Glocknerreliefs und zahlreicher weiterer Reliefs

„Am Abschluss einer vielmonatlichen Arbeit geziemt es sich, ihr ein Begleitschreiben beizugeben. Die idealschöne Glocknerspitze und ihre großartige Umgebung in einem passenden Maßstabe plastisch darzustellen, war schon lange der Wunsch des Unterzeichneten. Die Größe der Aufgabe und das unzureichende Material rückten den Beginn immer in die Ferne. Im Jänner 1890 konnte erst die Arbeit begonnen werden, nachdem alle landschaftlichen Aufnahmen zusammengestellt waren." [37]

37 P. G. Oberlercher, „Erinnerungen an den Bau des Glockner-Reliefes in dem Landes-Museum Rudolfinum", unpubl. Manuskript, Klagenfurt.

38 Lang, H.; Lieb, G. K., 1993: Die Gletscher Kärntens. – Naturwissenschaftlichen Verein für Kärnten (Hrsg.), Klagenfurt, 184 S.

Neue Methoden zur Ästhetisierung der Landschaft: Geoplastik und Fotografie

In der zweiten Hälfte des 19. Jahrhunderts kam eine heute beinahe in Vergessenheit geratene Methode der Geländewiedergabe stark in Mode: der Reliefbau. Die Personen, die sich mit der Herstellung solcher Reliefs beschäftigten, nannten sich „Geoplasten". Aufgrund der fortschreitenden Ästhetisierung und des inzwischen hohen auch internationalen Bekanntheitsgrades der Bergwelt um den Großglockner braucht es nicht zu verwundern, dass zwei der bedeutendsten österreichischen Vertreter dieser Kunstrichtung auch hier aktiv waren: Franz Keil (1822–1879) und Paul Gabriel Oberlercher (1859–1915). Für die Arbeit an Reliefs waren den Geoplasten die vorhandenen Kartengrundlagen zu ungenau, weshalb sie gezwungen waren, umfangreiche eigene Vermessungsarbeiten – vielfach verbunden mit höchsten körperlichen Leistungen und finanziellen Nachteilen – durchzuführen, wobei Keil mehrere Karten, davon zwei der Glocknergruppe, gleichsam als „Nebenprodukte" herstellte. Oberlercher hatte seinen Arbeitsschwerpunkt in der Glocknergruppe und ihm verdanken wir auch das größte je erstellte Relief des Großglockners, das 1890 begonnen und 1893 fertiggestellt wurde. Mit 700 x 350 cm hat das Glocknerrelief monumentale Ausmaße. Die dahinter stehenden geoplastischen, kartografischen und gletscherkundlichen Leistungen Oberlerchers wurden schon vielfach gewürdigt,[38] das Relief übt noch heute im Zeitalter von google earth und anderen Medien eine ungemeine Faszination auf seine Betrachterinnen und Betrachter im Kärntner Landesmuseum in Klagenfurt aus.

Die ersten fotografischen Aufnahmen der Pasterze stammen aus dem Jahr 1863. Zu dieser Zeit war die Fotografie nach ihrer Erfindung durch Louis Jacques Mandé Daguerre (1837) dabei, den Kinderschuhen zu entwachsen. Noch ahnte man nicht, wie wichtig die Fotografie einmal für die Gletscherforschung sein würde. „Die Lichtbildkunst sollte eine treue Darstellung von den Wundergestalten des Eises der Alpengletscher herabholen."[39] Das „Herabholen" von den Bergen zu den Menschen in den Niederungen gelang einer „Photographischen Großglockner-Expedition" unter der Leitung von Gustav Jägermayer 1863. Sie kehrte mit nicht weniger als 91 Fotos auf großen Glasplatten zurück. Im heutigen Zeitalter der digitalen Fotografie mit leichtesten Kameras ist es kaum vorstellbar, wie unhandlich und schwer die Ausrüstung und wie umständlich das Fotografieren damals war.

Jägermayer erkannte bald den Wert der Fotografie zur exakten Dokumentation der Gletscher. Nach dem Ausklingen des 1850er-Hochstandes hatte das Rückschmelzen der Pasterze begonnen, für das „geschulte Auge" eines Fotografen waren die Veränderung von einem zum anderen Mal deutlich erkennbar. Jägermayer fotografierte exakt vom gleichen Standpunkt unterhalb des Glocknerhauses eine Fotoserie: 1875, 1885 und 1895. Zwei Eintragungen in einem Gästebuch in Heiligenblut in diesen Jahren beweisen die Anwesenheit Jägermayers, sodass er es sein muss, der die Fotos gemacht hat. Bei der Glocknerexpedition 1863 war der Maler Adolf Obermüllner (1833–1898) als künstlerischer Leiter mit dabei.[40] Man wird nicht fehlgehen in der Annahme, dass die neue „Lichtbildkunst" noch nicht etabliert war und ihr Skepsis entgegengebracht wurde. Die Darstellung der Landschaft war den Künstlern vorbehalten, es war die Zeit der Landschaftsmaler wie Thomas Ender, Friedrich Gauermann, Ferdinand Waldmüller, Hubert Sattler und etwas später Edward Compton, als die Fotografie Einzug hielt.

Um 1875 hatten sich einige „Kunst- und Verlagsanstalten" etabliert, die sich unter anderem auf Landschaftsaufnahmen spezialisierten – die Pasterze und der Großglockner waren stets ein begehrtes Motiv. Namen wie Alois Beer (1840–1916), Klagenfurt, Fritz Gratl (1870–1948), Innsbruck, und die „Photographische Anstalt Baldi & Würthle" (für die Jägermayer fotografierte) sowie deren Nachfolgefirmen gehören dazu.[41] Alle haben mit ihren Fotos dazu beigetragen, dass der „Lebenslauf" der Pasterze in den vergangenen 150 Jahren gut dokumentiert und anschaulich nachvollziehbar ist.

Die erste Bildsequenz (1875, 1885, 1895) von der Pasterze, die den Gletscherrückgang in der zweiten Hälfte des 19. Jahrhunderts fotografisch exakt – mit Bildern vom selben Standpunkt aus – dokumentiert, verdanken wir Gustav Jägermayer. Unten: Vergleichsfoto um die Mitte der 1920er-Jahre (vor 1927).

39 Zitiert nach: Kolar, K. in Lukan, K., 1967: Alpinismus in Bildern. – Verlag Anton Schroll & Co., Wien - München, 191 S., hier: S. 161

40 Andrée, H., 1985: Der Maler Adolf Obermüllner. – Verlag Anton Schroll & Co., Wien, München, 80 S. und Faber, M. (Hrsg.), 2008: Die Weite des Eises. Arktis und Alpen 1860 bis heute. – Albertina Wien, Hatje Cantz Verlag, Ostfildern, 111 S.

41 Starl, T., 2005: Lexikon der Fotografie in Österreich 1839 bis 1945. – Album, Verlag für Photographie, Wien, 581 S.

Gustav Jägermayer
(1834–1901)
Pionier der Gletscherfotografie an der Pasterze.

Ferdinand Seeland und der Beginn der regelmäßigen Gletschermessungen

An einem kühlen und windigen Tag Ende September 1879 steigt zum ersten Mal ein Mann über die Almweiden unterhalb des Glocknerhauses, das als Stützpunkt längst gut etabliert ist, zur damals noch nahen Pasterze hinab, um deren Eisrand zu studieren. Er tut dies im Auftrag der Sektion Klagenfurt des Alpenvereins, die es sich zum Ziel gesetzt hat, den Kärntner Paradegletscher zu beobachten. Zu diesem Zweck markiert er die Lage des Eisrandes an markanten Stellen – aus der Zielvorstellung heraus, diese Stellen im darauffolgenden Jahr wieder aufzusuchen und mit einem Maßband nachzumessen, wie weit der Eisrand seine Lage verändert hat. Dieser Mann war Ferdinand Seeland, der mit seinem beruflichen Hintergrund als Bergbautechniker seine Sache sehr ernst nahm und die Begehung des Eisrandes auch gleich dazu nutzte, eine Karte aufzunehmen und darin seine Messpunkte exakt einzutragen.

Seeland kam wirklich im nächsten und auch in den 21 folgenden Jahren wieder und fand das bestätigt, was längst auch durch Beobachtung evident geworden und letztlich auch die Motivation war, die Vermessungsarbeiten überhaupt zu beginnen: Der Gletscher wurde von Jahr zu Jahr kleiner. Die von Seeland gesetzten Farbmarken dokumentierten dabei nicht nur die Änderungen der Länge des Gletschers, sondern auch das Einsinken der Gletscheroberfläche, sodass Seelands Nachfolger Hans Angerer 1902 feststellte: „Die Marken Seelands […] erscheinen heute wie die Sprossen einer Leiter an den steilen, unzugänglichen Felsgehängen"[42]. Wie auch immer: Seeland begründete eine Messreihe der Längenänderung der Pasterze, die bis heute von drei Jahren abgesehen (1922, 1923, 1945) nie unterbrochen wurde und somit zu den alpen- und weltweit längsten und geschlossensten gehört.

Die Anlage der Messmarken fällt in eine Zeit, in der sich das Bewusstsein darüber, dass Gletscher sich als Reaktion auf die Witterungsverhältnisse in ihrer Ausdehnung verändern, in der Fachwelt etabliert hatte und sich die Gletscherkunde (Glaziologie) als eigenständige Wissenschaft herausbildete. Seeland erbrachte darin eine durchaus innovative Leistung, denn erst ein Jahrzehnt nach dem Beginn seiner Arbeiten an der Pasterze erschien 1889 der denkwürdige „Aufruf" des Alpenvereins, die Veränderungen der Gletscher durch Messungen zu verfolgen. Dieser Aufruf gilt als Grundlage zur Schaffung jenes Beobachtungsnetzes an den österreichischen Gletschern, das noch heute als „Österreichischer Gletschermessdienst" unter der Patronanz des Oesterreichischen Alpenvereins einen (durch Messwerte an etwa hundert Gletschern) bedeutenden Mosaikstein für ein inzwischen weltweit koordiniertes Gletscher-Monitoring darstellt. Seeland hat dies an der Pasterze vorweggenommen.

42 Wakonigg, H., 1991: Die Nachmessungen an der Pasterze von 1879 bis 1990. – Arbeiten aus dem Institut für Geographie der Universität Graz (Festschrift für H. Paschinger) 30, S. 271-307. hier: S. 273.

43 Bericht über die Erstanlage der Messmarken an der Pasterze am 29.9.1879 von Seeland 1880.

Seit Seeland haben sechs weitere Personen die jährlichen Nachmessungen an der Pasterze verantwortlich koordiniert, ihre Abwicklung vor Ort organisiert und die Ergebnisse in jeweils zeitgemäßer Form in die nationalen und internationalen Netzwerke eingebracht. Seit dem Jahr 1958 werden diese Aktivitäten vom „Geographischen Institut", jetzt „Institut für Geographie und Raumforschung", der Universität Graz durchgeführt. Sie sind hier Teil des Fachschwerpunktes „Gebirgs- und Klimageographie", worin das Monitoring (messende Dauerbeobachtung) und die Modellierung (rechnerische Nachbildung) von Prozessen in Folge des Klimawandels eine große Rolle spielen.

Diese Gletschermessungen werden uns von jetzt an durch die Pasterzen-Zeitreise begleiten – wir erhalten dadurch die Möglichkeit, die zu betrachtenden Ereignisse bei Bedarf jahresscharf den Veränderungen des Gletschers gegenüberzustellen.

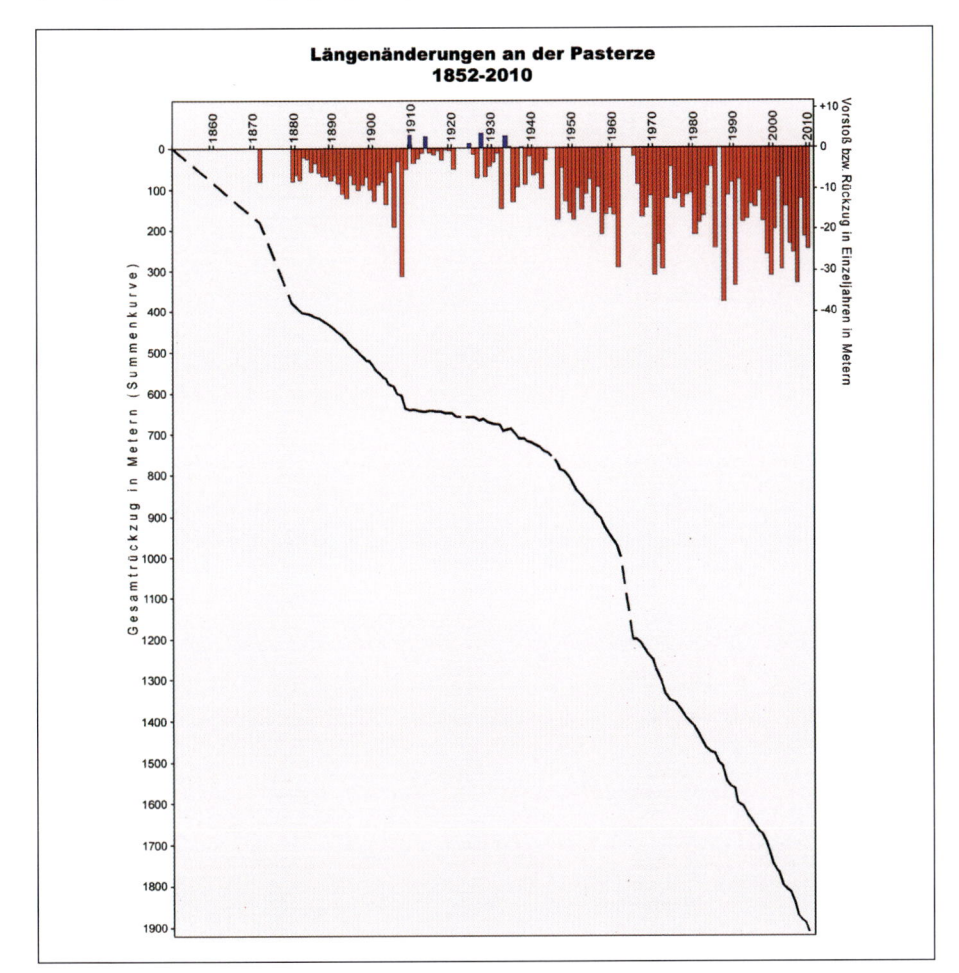

Ferdinand Seeland
(1822–1901) Montanist, Bergbau- und Hütteninspektor der Österreichischen Alpine-Montangesellschaft in Klagenfurt, Begründer der Pasterzen-Messungen

„Um die gerechte Zeitfrage, wie viel das Maass des jährlichen Zurückweichens des Pasterzengletschers betrage, Anhaltspunkte zu liefern, machte ich [...] am Abschwung vier deutliche Marken, und zwar am östlichen a, südöstlichen b und südwestlichen Rande c, und in der Mitte des Gletschers d, da, wo in den letzten Jahren ein Felskopf aus Urkalk, steil aufsteigend zum Vorschein gekommen ist. An jedem dieser vier Punkte zog ich genau im Niveau des damaligen Gletscherrandes an passenden, glatten Felswänden starke blaue Oelfarbenlinien [...], so dass nun Fixpunkte existiren, von welchen das alljährliche Zurückweichen des Pasterzengletschers genau gemessen werden kann."[43]

Die Längenänderungen der Pasterze nach Einzeljahren (rechte Skala, Stäbe oben) und in Summe (linke Skala, schwarze Kurve) nach den Ergebnissen der jährlichen Gletschermessungen. Zeichnung: M. Krobath

Die Zugriffe von außen nehmen zu: Der Weg zum Massentourismus

Erste Nutzungskonflikte: Albert Wirth „rettet" die Pasterze

Albert Wirth (1874–1957) Naturschutzpionier und Holzindustrieller in Villach, schenkte den, die Pasterze und ihre Umrahmung umfassenden, Grund dem Alpenverein.

„Ich erkläre mich hiemit rechtsverbindlich bereit, den Kaufpreis per 10.000 Kronen, sowie alle mit dem Rechtsgeschäft zusammenhängenden Kosten und Gebühren aus Eigenem zu bestreiten, sodaß aus diesem Vertrage den D. u. Ö. Alpenverein keine Zahlung trifft. [...] Ich bitte den verehrlichen Hauptausschuß, diese Widmung entgegenzunehmen und knüpfe daran den Wunsch, dass das gewidmete Großglocknergebiet als Naturschutzpark der Zukunft erhalten bleibe."[44]

44 Brief Albert Wirths an den Hauptausschuss des Alpenvereins vom 14.5.1918, zitiert nach Draxl in Oesterreichischer Alpenverein 1989, S. 16; vgl. auch den Beitrag von Peter Haßlacher S. 100.

Zu Beginn des 20. Jahrhunderts rückt schlagartig ein Aspekt in den Mittelpunkt des Interesses, der bisher an der Pasterze kaum eine Rolle gespielt hatte: die Frage nach dem Grundbesitz. Damals standen die Kärntner Seite des Großglockners und die gesamte Pasterze im Privatbesitz der Familie Aicher von Aichenegg aus Winklern im Mölltal. Als sich diese 1914 gezwungen sah, ihren Besitz zu veräußern, traten umgehend Interessenten auf den Plan, die das Gebiet erwerben wollten, um es entweder für ihre jagdlichen Privatinteressen zu sperren oder es großtechnisch für den Tourismus zu erschließen. Dabei sollten schon damals nicht nur ein „fashionables Hotel" in der Gamsgrube, sondern auch eine Seilbahn auf den Großglockner errichtet werden, ein bei der damaligen technischen Entwicklung des Seilbahnwesens ungeheuerliches Vorhaben. Der Alpenverein erhielt noch im selben Jahr einen Brief von einem Industriellen aus Deutschland, der das Gebiet nach seinen Angaben bereits gekauft habe, es sperren wolle, aber dem Alpenverein ein Verhandlungsmandat über die Freigabe einiger Bergwege anbiete. Dies führte zu einem Sturm der Entrüstung nicht nur von Seiten des Alpenvereins, der aber ebenso wie das angebliche Kaufgeschäft schon wenige Monate später wegen des soeben ausgebrochenen Ersten Weltkrieges von der Tagesordnung verschwand: „Die Menschen hatten andere Sorgen, als unter dem Vorwand Steinwild auszusetzen, mit dem Großglockner zu spekulieren".[45]

Unmittelbar nach dem Ende des Ersten Weltkrieges tritt mit Albert Wirth eine, wie sich bald zeigen sollte, für das Pasterzen-Gebiet im besten Wortsinn historische Persönlichkeit auf den Plan. Der Villacher Baumeister und Holzindustrielle war seit 1907 Ehemann von Maria Aicher von Aichenegg und somit lebensweltlich unmittelbar mit den finanziellen Nöten seiner Schwägerinnen befasst. Er suchte, soeben vom Kriegsdienst zurückgekehrt und beim Wiederaufbau seines Unternehmens mit Umstrukturierungsmaßnahmen beschäftigt, nach einer vor der Inflation sicheren Möglichkeit zur Geldanlage. Bei seinen Überlegungen spielte eine große Rolle, dass er schon seit seiner Kindheit von der Natur begeistert war. Auf einer Amerikareise 1899 hatte er den Yellowstone-Nationalpark und die dortige Schutzgebiets-Philosophie kennengelernt. Nun bot sich ihm die einmalige Chance, gleichzeitig seiner Familie zu helfen, Kapital sinnvoll zu investieren und einen Beitrag zur Verbreitung des Naturschutzgedankens zu leisten. So kaufte er das Großglockner-Pasterzen-Gebiet auf eigene Kosten für den Alpenverein und erfüllte sich so seinen „Wunsch, den Großglo#ckner samt Pasterze ein für allemal der spekulativen ‚alpinen Fremdenindustrie' zu entziehen". Er sollte mit dieser bemerkenswerten Tat der erste große Naturschutz-Mäzen Österreichs werden und letztlich den Grundstein zur Errichtung des Nationalparks Hohe Tauern legen.

Schutz und kartografische Dokumentation:
Die Pasterze unter der Obhut des Alpenvereins

Das Vermächtnis Wirths an den Alpenverein war es also, den neu erworbenen Grundbesitz im Sinne eines „Naturschutzparks für alle Zukunft" zu verwalten – man würde heute sagen: nach den Prinzipien der Nachhaltigkeit zu managen. Schon bald sollte sich zeigen, dass dies keineswegs einfach ist, denn wer glaubt, Grundbesitz

Föhnstimmung bei Sonnenaufgang in der Glocknergruppe.

45 Draxl, A., 1996: Der Nationalpark Hohe Tauern – eine österreichische Geschichte. Band I (von den Anfängen bis 1979). – Fachbeiträge des Oesterreichischen Alpenvereins, Serie: Alpine Raumordnung 12, Innsbruck, 348 S. hier: S. 17.

Eine Karte von zuvor nicht gekannter Genauigkeit war die 1928 erschienene erste Ausgabe der Alpenvereinskarte – der Ausschnitt zeigt die Gamsgrube, einen Teil des Wasserfallwinkelkeeses und der Pasterze. Gegenüber der Mitte des 19. Jahrhunderts war die Eisoberfläche der Pasterze unterhalb der Hofmannshütte erst um rund 50 m abgesunken (OeAV-Karte der Glocknergruppe 1928).

46 Arnberger, E., 1970: Die Kartographie im Alpenverein. – Wissenschaftliches Alpenvereinsheft 22, München, Innsbruck, 253 S.

47 Siehe den Nachsatz dieses Buches.

allein genüge schon, um ein Gebiet in einem „ursprünglichen" Zustand zu erhalten, irrt sehr. Denn obwohl der Schutzstatus von Großglockner und Pasterze heute durch weitere (auch internationale) Schutzkategorien abgesichert erscheint, hat es bis in die Gegenwart herauf immer wieder Bestrebungen gegeben, technische Baumaßnahmen im Vorfeld der Pasterze oder in ihrer Umgebung zu setzen.

Bevor der große, sich ab den frühen 1920er-Jahren durch erste Agitationen von politischer Seite abzeichnende Naturschutzkonflikt um die Erbauung der Glocknerstraße auf die Tagesordnung kam, gab es so etwas wie die Ruhe vor dem Sturm. Der Alpenverein nutzte diese Zeit für die Fortführung der im Jahr 1900 begonnenen Herausgabe von Alpenvereinskarten im Rahmen der „klassischen Alpenvereins-Kartographie"[46]. In dieser Serie fehlte lange eine Karte der Glocknergruppe, welche schließlich 1928 im Maßstab 1:25.000, beruhend auf terrestrisch-photogrammetrischen Aufnahmen (Kombination eines Vermessungsinstruments, eines Theodoliten und eines speziellen Fotoapparates) von Richard Finsterwalder und der ausgereiften kartografischen Gestaltung durch Hans Rohn, erschien. Sie ist bis zum heutigen Tag die in Bezug auf Detailreichtum und Anschaulichkeit der Geländedarstellung beste Karte des Gebietes geblieben und wird – unter laufender Aktualisierung der Gletscherstände und in zeitgemäßem Layout – von der Alpenvereinskartografie nach wie vor aufgelegt.[47]

Diese Karte erlaubte nicht nur Orientierung und Tourenplanung in einer neuen Qualitätsdimension, sondern beflügelte auch in hohem Maße weiterführende Forschungen, die auch vom Alpenverein unterstützt wurden. Hierzu gehören die vegetationskundlichen Arbeiten von Helmut Gams, dessen botanische Karte 1936 erschien, und von Helmut Friedel, der mit seinen erst 1956 publizierten Vegetationskarten einen zuvor noch nicht erreichten Grad an Detailliertheit erzielte. Ebenfalls auf der Grundlage der Alpenvereinskarte kartierten Hans Peter Cornelius und Eberhard Clar die Geologie – ihre 1935 erschienene Karte ist die bis heute beste geblieben (wenn es inzwischen auch ein moderneres Produkt gibt); die Verbreitung der Gesteine ist in bisher unübertroffener Genauigkeit dargestellt. Die hohe wissenschaftliche Wertschätzung gerade der Umgebung der Pasterze äußert sich auch in 1928 und 1931 abgehaltenen Tagungen sowie in einer Reihe weiterer Forschungsaktivitäten, worüber im Zusammenhang mit der ersten wissenschaftlichen Monografie zur Pasterze berichtet wird. So wird verständlich, dass nicht nur dem Grundbesitzer Alpenverein, sondern auch der Wissenschaft die sich abzeichnenden großtechnischen Erschließungspläne große Sorgen bereiteten.

Die Pasterze hatte indessen eine Phase hinter sich, in der sich ihr seit dem Hochstand in der Mitte des 19. Jahrhunderts andauernder Rückzug verlangsamt hatte, der Eisrand war ab etwa 1910 für zwei Jahrzehnte fast in konstanter Lage geblieben. Die Ursache hierfür waren kühlere und schneereichere Witterungsbedingungen, die an kleineren Gletschern (auch in unmittelbarer Nähe der Pasterze, zum Beispiel am Freiwandkees) zum „Vorstoß von 1920" geführt hatten. Für die 1924 noch 22,6 km² große Pasterze (zum Vergleich 1851: 26,5 km²) jedoch war diese Phase gletschergünstigerer atmosphärischer Gegebenheiten zu kurz, sodass die Massenzunahme im Nährgebiet nicht zu einem aktiven Vorrücken der Stirn dieses großen Gletschers gereicht hat. In den 1930er-Jahren setzte schon wieder ein

Die Pasterze von Süden aus gesehen, von der Stockerscharte am Wiener Höhenweg. Das Bild stammt etwa von 1935 – am rechten Bildrand ist zu erkennen, dass die Glocknerstraße die Franz-Josefs-Höhe soeben erreicht hat.

GROSSGLOCKNER 3798 m. mit PASTERZE, FRANZ JOSEFSHÖHE 2418 m. GROSSGLOCKNERSTRASSE SÜDRAMPE.

Ein klassisches Logo und ein klassisches Tourismusziel – Großglockner Hochalpenstraße und Großglockner.

48 Rigele, G., 1998: Die Großglockner-Hochalpenstraße. Zur Geschichte eines österreichischen Monuments. – WUV Universitätsverlag, Wien, 460 S.

Gletscherschwund ein, der sich in der Nachkriegszeit noch beschleunigte und bis in die heutige Zeit anhält.

Massentourismus am „Ufer" der Pasterze – die Glocknerstraße

Die Idee, eine Straße über den Alpen-Hauptkamm östlich des Großglockners mit einer Stichverbindung zur Pasterze zu bauen, hat viele Wurzeln. Diese sind in der umfangreichen Literatur zur diesem Projekt, dem der Rang eines „österreichischen Monuments"[48] zugesprochen werden muss, detailreich aufgearbeitet. Die vielleicht wichtigsten davon sind:

■ Dass es sich um ein Straßenprojekt handelte, versteht sich aus dem technologischen Entwicklungsstand. Das Auto begann gerade seinen Siegeszug als Verkehrsmittel anzutreten und war damals so etwas wie das Fortschrittssymbol schlechthin – auch in sozialer Hinsicht.

■ Die neue verkehrsgeografische Situation im nach 1918 verkleinerten Österreich erforderte eine neue innerösterreichische Alpentraverse: Nachdem die Südseite des Brenner (Südtirol) an Italien gefallen war, gab es vor allem für Osttirol keine direkte innerösterreichische Verbindung mehr in den Nordtiroler Zentralraum. Die Tiroler Politik machte sich hierbei für den Ausbau des Felber Tauern stark, welcher jedoch erst 1967 zur Ausführung kam.

■ Dass letztlich der Glockner den Zuschlag erhielt, hängt mit dem Tourismus zusammen, der – durchaus in Bezug auf die notwendige sozioökonomische Neuausrichtung Österreichs – damals zu einem bedeutenden wirtschaftspolitischen Leitbild wurde. Der Großglockner (samt Pasterze) war als höchster Berg des neuen Staates touristisch noch bedeutend aufgewertet worden.

■ Politisch schien ein Großprojekt aus mehreren Gründen sinnvoll: Zum einen wurden Arbeitsplätze für mehrere tausend Beschäftigte zumindest während der warmen Jahreszeit geschaffen. Zum anderen konnte dadurch ein starkes Zeichen der Lebensfähigkeit der österreichischen Volkswirtschaft gesetzt und ein Beitrag zur Bewältigung der Weltwirtschaftskrise, von der Österreich sehr stark betroffen war, geleistet werden.

Es ist hier nicht der Platz, über Einzelheiten der Realisierung des Projekts zu erzählen, das eng mit Namen wie Franz Friedrich Wallack, dem Erbauer der Straße, oder Franz Rehrl, als damaliger Salzburger Landeshauptmann die treibende Kraft hinter dem Unternehmen, verbunden ist. Seine politischen Hintergründe zeigen das Spannungsfeld eines um seine Selbstständigkeit ringenden sowie von innenpolitischen Zerwürfnissen geprägten Österreichs und des sich in immer schärfer werdenden Konturen abzeichnenden Anschlusses an das nationalsozialistische Deutschland. Vielmehr

Der Endpunkt der Glocknerstraße auf der Franz-Josefs-Höhe um das Jahr 1935 – der Massentourismus am Rande des Gletschers hat begonnen. Pasterze, Glockner und Parkplatz um 1935.

soll der Blick auf die Folgewirkungen der am 3. August 1935 eröffneten „Großglockner-Hochalpenstraße", im Weiteren kurz „Glocknerstraße" bezeichnet, für den engeren Bereich um die Pasterze fokussiert werden.

In Bezug auf die Rolle des Alpenvereins darf dabei nicht vergessen werden, dass es die Alpenvereinssektion Klagenfurt war, die mit der Erbauung einer 1908 fertiggestellten Straße von Heiligenblut zu ihrem Glocknerhaus den motorisierten Verkehr nahe an die Pasterze herangebracht hatte. Dementsprechend war das Engagement des Alpenvereins gegen die Glocknerstraße anfänglich nur mäßig, wenn es auch 1930 ein Ersuchen an die Bundesregierung gegeben hatte, vom Bau der Stichstraße zur Franz-Josefs-Höhe Abstand zu nehmen. Auch die mittlerweile vom Land Kärnten initiierte Unterschutzstellung der Pasterze schien dem Grundbesitzer zuerst kein vordringliches Anliegen gewesen zu sein. Erst als klar wurde, dass die Großglockner Hochalpenstraßen AG (GROHAG) sich nicht mit der Errichtung der Straße zufrieden geben würde, sondern längst an weiteren Erschließungsvorhaben tüftelte, schlüpfte der Alpenverein erstmals in die Rolle einer den Naturschutz mit Nachdruck vertretenden Non-Governmental Organisation (NGO). Es ging um verschiedene Seilbahn-Projekte, zuletzt speziell um eine Gondelbahn aus der Gamsgrube auf den Fuscherkarkopf (3331 m), für deren Errichtung die Glocknerstraße von der Franz-Josefs-Höhe über Alpenvereinsgrund in die Gamsgrube hätte verlängert werden sollen. Der Alpenverein konnte dieses Vorhaben zwar – wie sich zeigen sollte, dauerhaft – verhindern, nicht jedoch die Enteignung des eigenen Grundbesitzes zwecks Errichtung eines drei Meter breiten Spazierwegs in die Gamsgrube (Vorläufer des heutigen Gamsgrubenweges), der am 1. Juli 1937 eröffnet wurde.

Die Glocknerstraße stand ab 1935 dem Autoverkehr zur Verfügung und übertraf von Anfang an die in sie hinsichtlich der Benützungsfrequenz gestellten Erwartungen: Schon 1938 wurden bereits knapp 375.000 Besucherinnen und Besucher registriert – und das trotz der politischen und wirtschaftlichen Probleme jener Zeit! Die Straße ist seit damals, von den Jahren des Zweiten Weltkrieges abgesehen, eine der österreichischen Top-Tourismus-Destinationen geblieben, wobei in den 1960er-Jahren das Maximum mit bis

Besuchszahlen und Fahrzeugfrequenz der Großglockner-Hochalpenstraße 1935–2010 (Originaldaten der Großglockner-Hochalpenstraßen-AG, Zeichnung: B. Malowerschnig).

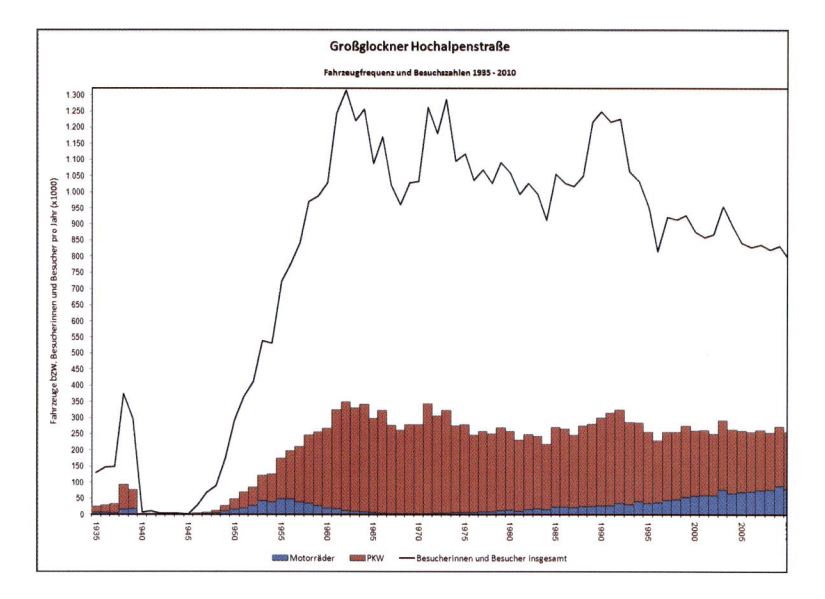

Das Karl-Volkert-Haus der Naturfreunde wird inzwischen als privater Berggasthof geführt. Ansicht aus dem Jahr 1954 mit für einen Schönwettertag typischem Verkehrsaufkommen an der Glocknerstraße.

zu 1,3 Millionen Gästen erreicht wurde. Mit diesen Zahlen ist wohl ausreichend belegt, dass man für die Landschaft um die Pasterze nun den Beginn des Massentourismus konstatieren kann.

Der Begriff „Massentourismus" als Stichwort ist im Konnex der Zwischenkriegszeit aber in Hinblick auf seine soziale Tragweite zu hinterfragen. Denn immer noch war den Angehörigen niederer sozialer Schichten die Teilhabe an Freizeitaktivitäten versagt. Genau diesen Umstand zu ändern, war eines der vordringlichen ideologisch motivierten Ziele der „Naturfreunde", die sich um die vorangegangene Jahrhundertwende aus der sozialdemokratischen Arbeiterschaft entwickelt hatten. Die Sozialdemokratie kümmerte sich um den Urlaubsanspruch und eine Verbesserung der finanziellen Situation für die Arbeiterschaft, und die Naturfreunde stellten für diese Zielgruppe Freizeitangebote und preiswerte Unterkünfte bereit. Um Österreichs Parade-Hochgebirgslandschaft spät aber doch als Freizeitarena für alle Menschen zugänglich zu machen, eröffneten die Naturfreunde das bereits erwähnte Karl-Volkert-Haus in Sichtweite des Glocknerhauses des Alpenvereins. Ohne hierbei die Pasterze zum Schauplatz eines Klassenkampfes hochstilisieren zu wollen, zeigt dieser Umstand doch, dass nicht nur der Bau der Glocknerstraße, sondern auch die meisten anderen touristischen und alpinistischen Aktivitäten dieser Zeit politisch „aufgeladen" waren, wobei gerade der „Alpinismus" unter dem Dach des Alpenvereins zur Etablierung des Nationalsozialismus beitrug.

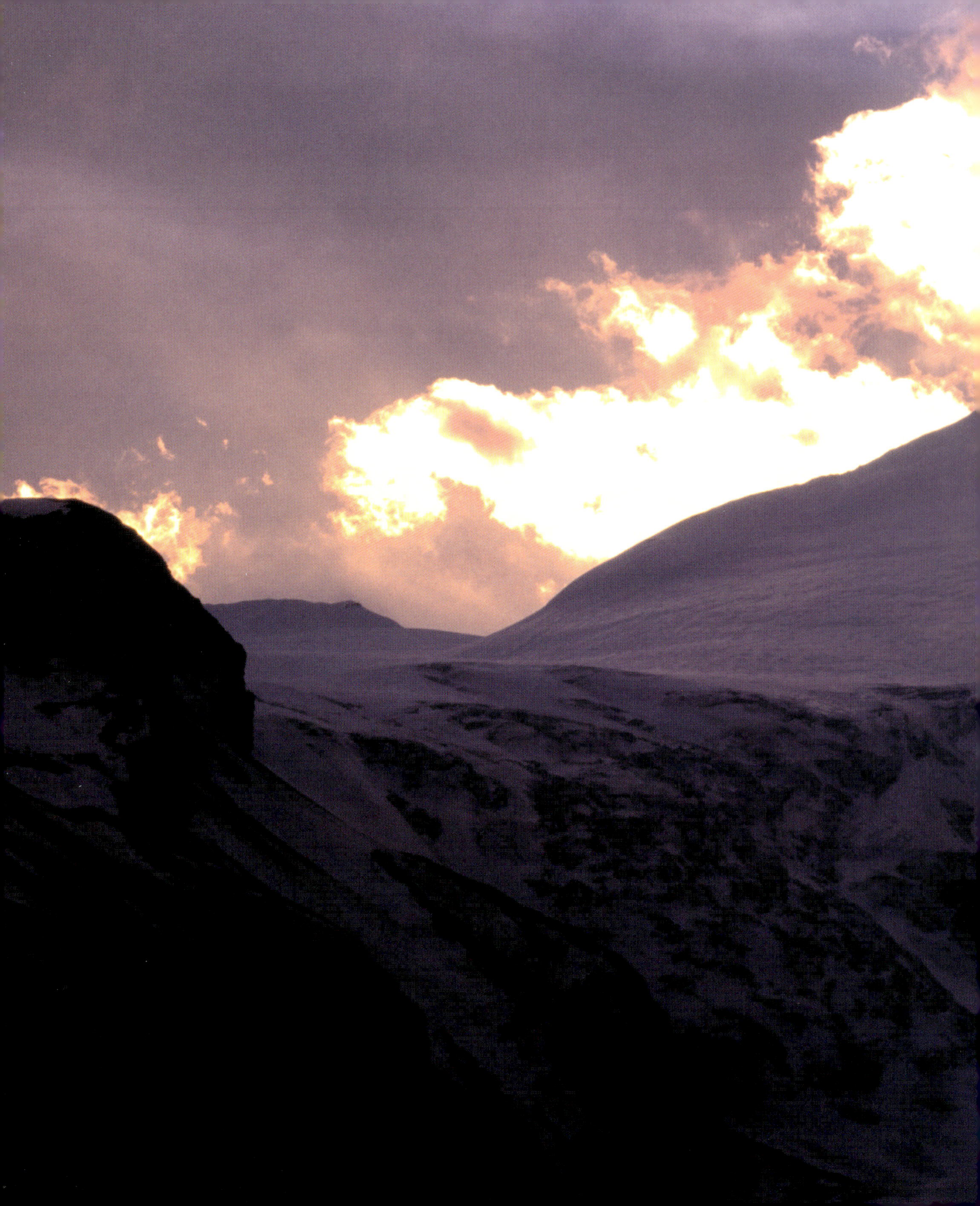

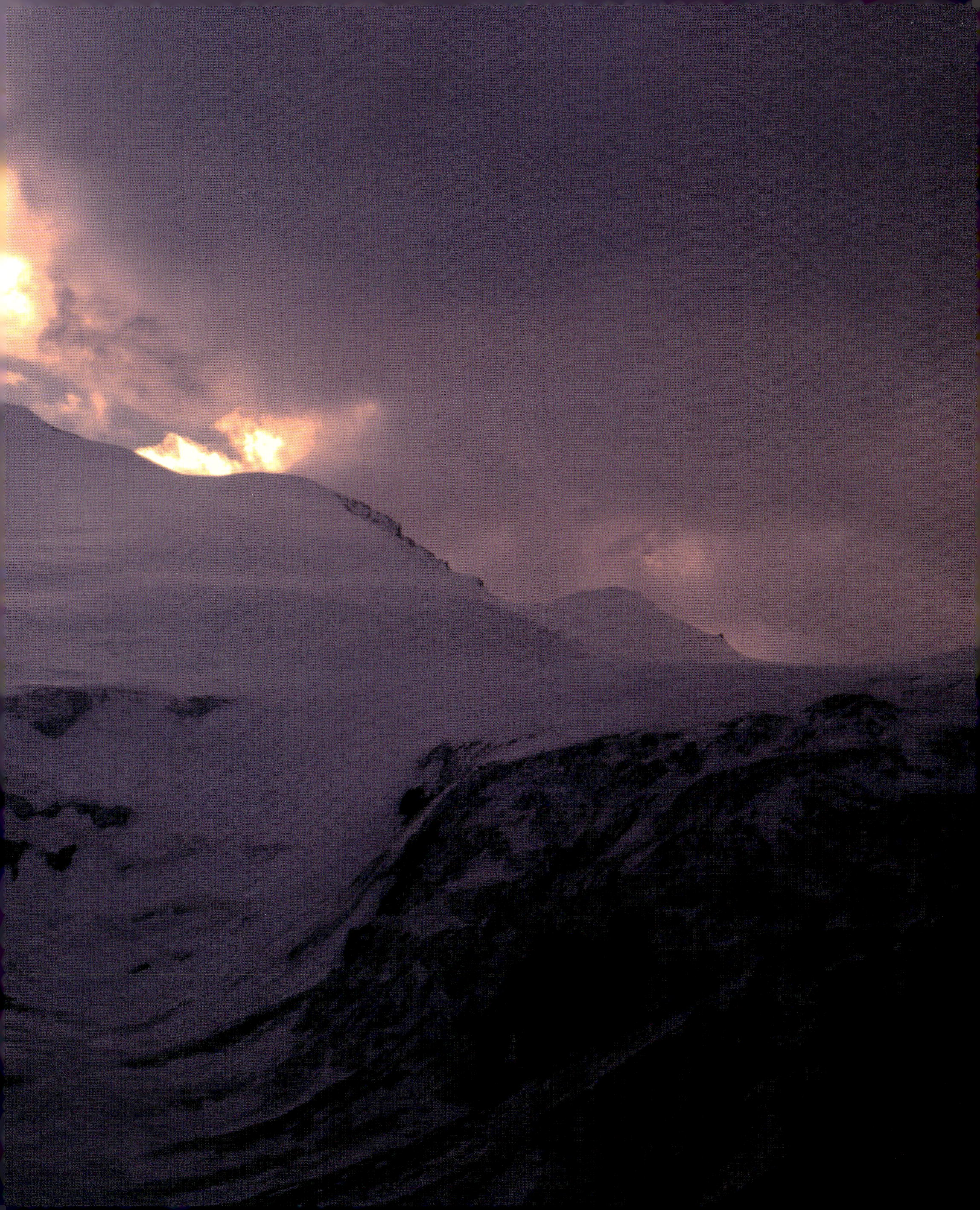

Familiengilde im Eisgefilde: Die Pasterze und das Schicksal der Familien Pichler und Sauper aus dem Oberen Mölltal

Hubert Sauper

geboren 1936, bis 1993 Schlosswirt in Döllach, Großkirchheim, dann Schriftsteller. Bisher 6 Bücher, unter anderem „Der Säumer"; Publikationen in Jagd- und Naturzeitschriften.

Viele Familiengeschicke stehen mit diesem markanten Punkt Österreichs, der Kaiser-Franz-Josefs-Höhe als Endpunkt der Glocknerstraße und dem Quell der Möll, am Pasterzengletscher in Zusammenhang. Eine bestimmte entstammt einer „Gilde". Die Begriffserklärung dafür lautet (gekürzt): Ableitung von „Geld" oder Bildung zu „gelten", ursprünglich „Opfergelage" anlässlich einer rechtlichen Bindung. Von einer ungewöhnlichen rechtlichen Bindung und der damit verbundenen Geschichte zweier Mölltaler Familien möchte ich erzählen:

Ein ungewöhnliches Geschäft

Es war am 27. August 1935, als es zu einer rechtlichen Bindung mit Seltenheitswert kam. Geschäftspartner waren die Großglockner Hochalpenstraßen AG, vertreten durch Ing. Franz Wallack und einem gewissen Ing. Ungar, sowie die Anbieter eines Grundstückes von rund 2 Hektar und einer Breite von 100 bis 150 m von der Franz-Josefs-Höhe bis zum Freiwandeck „für Verbreiterung der Straße oder Vergrösserung der Parkplätze". Es handelte sich um ein Geschenk! Unterzeichnet haben die Anbieter mit Hans Pichler (geboren 1904) aus Heiligenblut und Balthasar Sauper (geboren 1907) aus Döllach: Man habe rund um das alte Franz-Josefs-Haus (1905/1906 als Schutzhütte auf der Franz-Josefs-Höhe errichtet) Grund von der Schafgemeinschaft „Pasterzenalpe" kaufen können und wolle diesen nun zum Bau der Endparkplätze kostenlos zur Verfügung stellen. Die Absicht, Geld und Geltung zu gewinnen, war den Herren bestimmt anzusehen. Trotzdem ähnelt sie dem großartigen Streich eines Albert Wirth, der 1918 den Großglockner von seinen Schwägerinnen erwarb, dem Alpenverein schenkte und daran den Wunsch knüpfte, einen Nationalpark zu errichten.

Doch so edelmütig waren die Beweggründe der Geschäftsleute aus dem Kärntner Mölltal nicht. Sie wollten dafür von der Großglockner Hochalpenstraßen AG das Monopol für Andenkenartikel (Pichler) und Gastronomie (Sauper). Man formulierte: „Die GROHAG verpflichtet sich, auf den Parkplätzen I und II auf der Franz-Josefs-Höhe, sowie auf den von den Grundbesitzern zu Strassenbauzwecken abgetretenen Grundflächen keinerlei gewerbliche Betriebe zuzulassen". Dieses ungewöhnliche Rechtsgeschäft wurde abgeschlossen. Hinter der großzügigen Geste verbarg sich kluge Taktik, denn die GROHAG hatte auf Grundstücken des Deutschen und Oesterreichischen Alpenvereins die Enteignung per Bescheid vom 28. Juli 1936

Illustration: Hubert Sauper

(Zl. 58.145/6/36/IV) bereits durchgesetzt. Das Verfahren gegen Pichler und Sauper wurde jedoch „durch ein […] anderseits geschlossenes Übereinkommen […] restlos geregelt". Also war man der gefürchteten „Gewalttat" durch eine „Morgengabe" entgangen! Denn Schenkung löst die Enteignung auf, entschied das Gericht. Und damit war auch der schwelende Wunsch Wallacks, den Endpunkt in die Gamsgrube, in das „botanische Paradies", weiterzuführen, und der Traum des Salzburger Landeshauptmannes Franz Rehrl, von dort eine Seilbahn auf den Fuscherkarkopf zu errichten, in die Ferne gerückt. Diese Lösung gefiel auch den Vertretern des Alpenvereins Dr. Viktor Paschinger und Dr. Max Abuja, obwohl sie der Enteignung für den „Promenadenweg" (heute „Gamsgrubenweg") zur Hofmannshütte nicht mehr entkamen.

In diesem Fall fand kein Gelage statt. Denn diese Trinkfeste am einst blühenden, heute schlammig grauen Gletscherboden der Pasterze führten zu Vereisung, Verarmung und ewiger Verdammnis der Übermütigen. So die kirchlich mahnende Legende.

Die Familie Pichler aus Heiligenblut

Damit waren die Familien, ergänzt durch den am Franz-Josef-Haus später mit einem Drittel beteiligten Anton Sauper (geboren 1909, Bruder von Balthasar) sich und dem „Dreiländer- und Gletschernationalpark" wohl ganz besonders verbunden. Diese Verbundenheit reicht aber bereits zurück in die Zeit des ersten Franz-Josef-Hauses – zu Wirtin Genovefa Haritzer, die

Das Maultier schleppte kurz nach Kriegsschluss noch Pasterzeneis zur Kühlung der Bierfässer, die im Keller des Hotels lagerten. Vorne im Bild der damals 10-jährige Hubert Sauper; im Hintergrund der Kutscher und Säumer Christl Gollmitzer.

den jungen Ziegenhirten Hans Pichler schon um 1920 dort oben besonders herzlich betreute, weil ihr der aufgeweckte, tatenfreudige Bursche aufgefallen war. Er wurde später erfolgreicher Hotelier, Kaufmann und Begründer der Steinwild-Kolonie. Sein Vater vulgo Gugg hatte in Heiligenblut bereits ein bescheidenes Kaufhäuschen für den noch bescheideneren Bedarf an Allernotwendigstem und Tauschwaren aus bäuerlicher Produktion. Denn langsam klopfte der Tourismus an die Hüttentüren. Proviant, Ausrüstungs- und Erinnerungsartikel, Ansichtskarten und Gegenstände religiöser Verehrung waren gefragt. Denn mit der Kirche „Zum heiligen Bluet" stand man fast Tür an Tür. 1930 trat dann eine hübsche junge Wienerin in das Geschäfts- und Familienleben des tüchtigen Hans. Bäuerlicher Fleiß und Bescheidenheit sind eine gute Verbindung mit Wiener Charme!

Hans Pichler und die Pasterze

Den jungen Mann zog vorerst die Jagdleidenschaft auf Eis und Schnee. Mit schier unendlicher Ausdauer folgten die Jäger von damals dem raren Wild in alle Höhen. Das geht nun auch aus den Jagdtagebüchern meines Vaters Anton Sauper hervor, er berichtet von Gewaltmärschen mit Hans Pichler. Nicht genug damit: Hans musste 1929 mit seinem Bergkameraden und Bergführer Peter Rupitsch auf die höchste Spitze des Hausberges, natürlich durch die „Direttissima", die fast 1 km lange Eisrinne des Grafen Alfred Pallavicini. Mit ihrer vergleichsweise untauglichen Ausrüstung entkamen sie dabei dem Tod durch Erfrieren im Schneesturm und den häufig abgehenden Lawinen nur knapp.

Wienerische Leichtigkeit und mölltalerische Ausdauer erbten wohl auch die Kinder des „Pichler-Vaters", wie ihn sein Jäger Alex nannte. Heute sind diese selbst schon im Pensionsalter und freuen sich über die Aktivitäten ihrer eigenen Kinder – im Glocknerhof in Heiligenblut und in ihren Kaufhäusern dort oben im Eisgefilde!

Die Familie Sauper aus Döllach/Großkirchheim

Die Familie Sauper verfügt noch über eine Urkunde aus dem Jahr 1470. Sie verweist auf Pachtgrund in den Goldbergen, die „Große Härras" und lag in den Urbaren des Stiftes Admont, denn dieses besaß lange Zeit die Domäne Großkirchheim. Dort in Großkirchheim saß ein Spross der Familie Sauper namens Balthasar (geboren 1879) und holte die voreheliche Tochter von Peter Haritzer, dem Hüttenwirt des Franz-Josef-Hauses, eine gewisse Marianne Keuschnig, in seinen Gasthof Post nach Döllach. Ihre beiden Söhne Balthasar jun. (geboren 1907) und Anton (geboren 1909) gingen aufs Eis, weil sie von ihrem Großvater Peter Haritzer und dessen Frau Genovefa dort oben die Schutzhütte, das alte Franz-Josef-Haus, übernehmen durften. Die beiden sollten aber zuvor noch andere Erfahrungen sammeln und so wurden sie „in die Welt hinaus" geschickt. Weil Balthasar mit Kenntnissen eines Chauffeurs heimkam, waren die Postpferde bald arbeitslos und die ersten Autos tuckerten in die Gletscherwelt hinauf. In den 1930er-Jahren wurde diese Konzession sehr gewinnbringend an den Staat verkauft. Das eröffnete die Möglichkeit, im Hoffnungsgebiet in Grund zu investieren. Toni besuchte die Hotelfachschule in Zürich. Ab 1938 empfing infolgedessen ein Hotel – das neue Kaiser-Franz-Josef-Haus mit 200 Betten und einer Küchenleistung für 1000 Mittagessen – die Gäste. Diese kamen, weil sie sich für den höchsten Berg Österreichs interessierten, den längsten Gletscher der Ostalpen, schöne Ansichtskarten und für ein nicht zu teures „Gulyas". Für kühles Bier dazu sorgte noch im „neuen" Franz-Josef-Haus 1946 das Maultier, als Verbindung zwischen Mensch und Eis. Es schleppte aufgepickeltes Pasterzeneis zum Hotel – als Unterlage für die Fässer im Keller und stürzte dabei sogar einmal ab. Der Säumer Christl Gollmitzer meldete kurz: „Kopfübaa ..., aba nigsch passiert!" Glück gehabt – wie so oft in den vielen Jahrzehnten!

Darauf könnte man dankbar anstoßen! Auch auf die vielen hier ungenannten Familien, deren Tatkraft und Geschäftserfolg sich nicht minder auf die Geschichte des Tals auswirkten.

Aber keine vereisenden Trinksprüche mehr, sondern ein bescheidenes Prosit den Gilden!

Pasterze und Glockner im nachkriegszeitlichen Wirtschaftsboom
Die erste Monografie über die Pasterze: Viktor Paschinger

Viktor Paschinger
(1882–1963), Geograf und Landeskundler (Kärntner Regionalatlas), Hochgebirgsforscher und langjähriger Leiter der Gletschermessungen an der Pasterze

„... so gleicht ihnen die Pasterze, die vom Ursprung der Zunge an, von den Edelweißmatten der Burgställe bis zum Vorfeld von Blüten begleitet ist. Der aus dem Glocknerkamm genährte Teilstrom erinnert in Bau und Oszillationen an die mehrfach zusammengesetzten firnfeldarmen Gletscher des Karakorum und der Pamire. An deren Ufern breiten sich dieselben Hochsteppen aus, die im beengten Raum zwischen Eis und Fels die Wiesenoase der Gamsgrube zum hervorragenden Schaustück des Naturschutzparkes an der Pasterze erheben."[49]

49 Aus dem interdisziplinär orientierten und der vergleichenden Hochgebirgsforschung verpflichteten Schlusskapitel der Monografie von Paschinger 1948.

Von einem nachkriegszeitlichen Boom kann freilich noch keine Rede sein, als der Naturwissenschaftliche Verein für Kärnten anlässlich seines hundertjährigen Bestehens 1948 die erste – und bis heute einzige – wissenschaftliche Monografie über die Pasterze herausgibt. Der Autor Viktor Paschinger, Ehrenmitglied dieses Vereins, ist seit 1924 mit den Gletschermessungen an der Pasterze (in der Nachfolge von Hans Angerer) betraut und führt diese auch während der Wirren des Zweiten Weltkrieges weiter. In seinem Buch[50] fasst er das bisher über die Pasterze verfügbare gletscherkundliche Wissen auf 119 Seiten zusammen und ergänzt seinen Text nicht nur durch zahlreiche Grafiken, sondern auch durch eine instruktive Fotosequenz. Tatsächlich hat sich in der Zwischenzeit sowohl in Bezug auf die regelmäßigen Gletschermessungen als auch auf die speziellere Erforschung gletscherkundlicher Einzelaspekte eine Menge getan, was Paschinger schon 1934 zur Feststellung bewogen hat, „dass in wenigen Jahren das Pasterzengebiet zu den am besten durchforschten der Ostalpen gehören wird."

Unter anderem setzt sich Viktor Paschinger mit der Lage und den geologischen Rahmenbedingungen, die den Landschaftscharakter um die Pasterze beeinflussen, auseinander, bietet eine detailreiche statistische Analyse der Gletscheroberfläche – etwa in Hinblick auf deren wechselndes Gefälle, teilt Abschmelzraten mit und analysiert umfangreiches Datenmaterial zur Gletscherbewegung und zum Einsinken der Eisoberfläche. Die systematische Messung dieser beiden zuletzt genannten statistischen Größen wurde von ihm selbst an der Pasterze eingeführt und wird bis heute nach demselben Prinzip im Rahmen der alljährlichen Gletschermessungen durchgeführt:

■ Entlang von stationären Querprofilen, die durch je einen Fixpunkt an der orografisch linken Seite der Gletscherzunge und einen Endpunkt an der gegenüberliegenden Seite festgelegt sind, werden in 100-m-Abständen Punkte eingemessen. Da die Seehöhe des Fixpunktes bekannt ist, wird auch die Höhe der Einzelpunkte auf der Gletscheroberfläche bestimmbar. Die Differenz der Höhenwerte zweier aufeinanderfolgender Jahre lässt somit erkennen, ob die Gletscheroberfläche am betreffenden Punkt eingesunken ist oder sich erhöht hat. Da die Pasterze, wie schon aufgezeigt, mehr oder weniger kontinuierlich seit ihrem

Hochstand in der Mitte des 19. Jahrhunderts zurückgeschmolzen ist, gab es Aufhöhungen der Gletscheroberfläche nur in wenigen Einzeljahren. 1928 vermaß Paschinger erstmals mit einer modernen Ansprüchen genügenden Genauigkeit ein solches Querprofil, das nach dem Pionier der Gletschermessungen „Seelandlinie" benannt wurde. Es liegt in der Mitte der Gletscherzunge, im Laufe der folgenden Jahrzehnte kamen vier weitere Profile hinzu.

■ An den Einzelpunkten auf der Gletscheroberfläche werden bei deren Vermessung mit haltbarer Farbe gekennzeichnete Steine hinterlegt. Diese „wandern" aufgrund der Gletscherbewegung talabwärts. Im Folgejahr gilt es nun, vom erneut vermessenen Einzelpunkt aus, die Distanz zum im Vorjahr markierten Stein zu messen. Diese Strecke gibt den Betrag der Oberflächenbewegung des Gletschers wieder. Erste Versuche solcher Messungen gehen schon auf Ferdinand Seeland zurück, aber auch hierbei war es Viktor Paschinger, der diese Aktivitäten entlang der Profile systematisierte. Typische Jahreswerte zu seiner Zeit waren etwa an der Seelandlinie rund 27 m Fließweg. Da die Gletscherbewegung vom Eismassen-Durchfluss im betreffenden Profil abhängt, geht der Trend ihrer Beträge – vom Zeitraum zwischen 1960 und 1980 abgesehen – klar zu einer Verlangsamung der Eisbewegung.

Unter dem Eindruck der warmen Jahre zur Mitte des 20. Jahrhunderts (besonders heiß war der Sommer 1947) stellte man sich bereits die Frage, wie lange es noch Gletscher geben würde. Viktor Paschinger ordnete diese Überlegungen in das von ihm zusammengefasste Wissen über die in den vergangenen Jahrhunderten vor sich gegangenen Vorstoß- und Rückzugs-

Berühmte Persönlichkeiten bei den Gletschermessungen an der Pasterze – oben Viktor Paschinger (1943), unten Herbert Paschinger (links) und Helmut Heuberger (rechts), 1949.

50 Paschinger, V., 1948: Pasterzenstudien. – Carinthia II, XI. Sonderheft, Klagenfurt, 119 S.

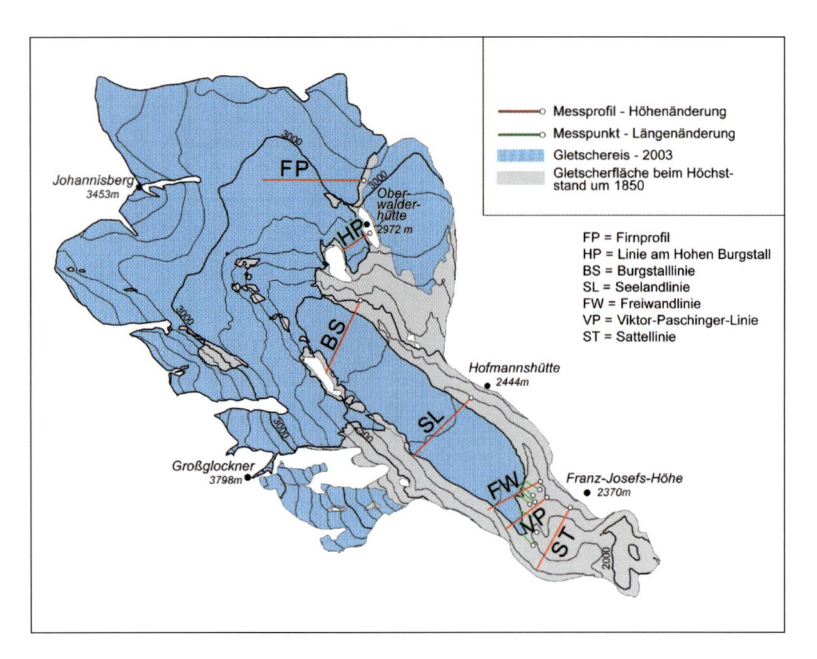

Übersichtskarte der Pasterze mit Lage der jährlich vermessenen Profile (Seelandlinie seit 1928, Burgstalllinie seit 1935, Linie am Hohen Burgstall seit 1947, Firnprofil seit 1949, Freiwandlinie seit 1994; letztere hatte die Sattellinie ab 1936 und die Viktor Paschinger-Linie seit 1963 als Vorgängerinnen; weitere nur kurzzeitig gemessene Profile sind unberücksichtigt). Zeichnung: B. Malowerschnig.

phasen (Gletscherschwankungen) der Pasterze ein. Darauf basierend stellte er 1955 eine – wie sich herausstellen sollte, falsche – Prognose, wonach die Pasterze Mitte der 1980er-Jahre schon verschwunden wäre. Jedenfalls konnte Paschinger im Hinblick auf verfügbare Informationen aus dem Vollen schöpfen. Grundlage hierfür waren nicht nur seine eigenen, penibel aufgezeichneten Forschungen, sondern auch eine Fülle an Daten, die in der Zwischenzeit von Wissenschaftern unterschiedlicher Fachgebiete erhoben worden waren. Von diesen soll im folgenden Abschnitt die Rede sein.

Erste Höhepunkte multidisziplinärer Forschung

Wir haben bereits die Alpenvereinskarte, die 1928 erschienen war und den Gletscherstand von 1924 zeigte,

als Motor wissenschaftlicher Aktivitäten kennengelernt.[51] Viele Forscher – offenbar jedoch noch keine Forscherinnen – arbeiteten in der Folge an der Pasterze und in ihrem Umfeld Fragestellungen ihrer verschiedenen Fachdisziplinen auf. Das Hauptinteresse galt dabei, wie schon erwähnt, den Pflanzen – untrennbar verbunden mit den Namen Helmut Gams und Helmut Friedel – und den Tieren, denen sich speziell Herbert Franz widmete. Neben der Gamsgrube hatten es den auf die Pflanzen- und Tierwelt ausgerichteten Wissenschaftlern vor allem die weit gletschereinwärts gelegenen „Wiesenoasen" (wie sie Viktor Paschinger nennt) angetan, welche, damals zum Teil noch vollständig von Eis umgeben, eine überraschend artenreiche Flora und Fauna aufwiesen. Als die beiden diesbezüglich bemerkenswertesten Flächen gelten der „Haldenhöcker" am Fuß des Mittleren Burgstalls, der durch Felsstürze 2007/08 arg in Mitleidenschaft gezogen wurde, und der Rasenfleck auf dem Kleinen Burgstall (2718 m). Beide waren auch während der nacheiszeitlichen Vorstoßphasen (Gletscherhochstände) eisfrei geblieben, weshalb sich auf ihnen die Bodenschicht, Pflanzendecke und Tierwelt über einen Zeitraum von über 10.000 Jahren hinweg relativ ungestört entwickeln konnten. Der Kleine Burgstall sollte bis zum Jahr 2008 ein echter Nunatak (= allseits vom Eis umgebener eisfreier Geländeteil) bleiben. Erst in diesem Jahr löste sich die Zunge des Glocknerkeeses von der Pasterze, sodass es nunmehr (zumindest theoretisch) möglich ist,

[51] Finsterwalder, R., 1928,): Begleitworte zur Karte der Glocknergruppe. – In: Zeitschr. d. DÖAV, München, S. 69–87.

den Gipfel dieser seit jeher auffallenden „Felsinsel" zu erreichen, ohne Gletschereis betreten zu müssen.

Daneben erweckten aber auch der Gletscher selbst und die seine Dynamik beeinflussenden Faktoren zunehmendes Forschungsinteresse. Dass die Gletscher auf veränderte meteorologische Bedingungen mit einer Anpassung ihrer Größe in ihrer Länge, Fläche, Dicke und Masse reagieren, hatte kurz zuvor die „Vorstoßphase von 1920" vor Augen geführt. Auch wenn die Phase gletscherfreundlicher Witterungsverhältnisse nicht ausreichend lange angehalten hatte, um an der trägen Pasterze einen klaren Gletschervorstoß zu verursachen, waren doch die meisten anderen Gletscher der Alpen (ebenso die in unmittelbarer Nähe der Pasterze) vorgerückt. Bei der Pasterze reichte es nur dazu, dass das Gletscherende zwei Jahrzehnte lang stationär, also unverändert, geblieben war. Schon 1929 wurde erstmals mit der nunmehr auch für solche Zwecke verwendbaren Seismik (= Erkundung des Untergrundes mit künstlich erzeugten Erdbebenwellen) die Eisdicke der Pasterze durch die Geophysiker Bernhard Brockamp und Hans Mothes bestimmt. Die als Ergebnis mitgeteilten Werte zwischen 248 und 321 m im mittleren Bereich der Gletscherzunge übertrafen die damaligen Erwartungen bei Weitem. Sie sind selbst nach heutigem Wissensstand sehr realitätsnah und so detailliert, dass die im Querprofil unterhalb der Hofmannshütte die Gletscherzunge querende (bis heute an der Oberfläche unsichtbare) Felsschwelle bereits entdeckt wurde. Brockamp wiederholte seine Messungen bald nach dem Zweiten Weltkrieg und publizierte deren Ergebnisse 1957.

In der Zwischenkriegszeit hatten auch meteorologische Untersuchungen be-

Impressionen von den Gletschermessungen im Jahr 2008; Oben Theodolitmessung am Firnprofil, unten Markierung eines Messpunktes an der Seelandlinie durch Hinterlegung eines gekennzeichneten Steines.

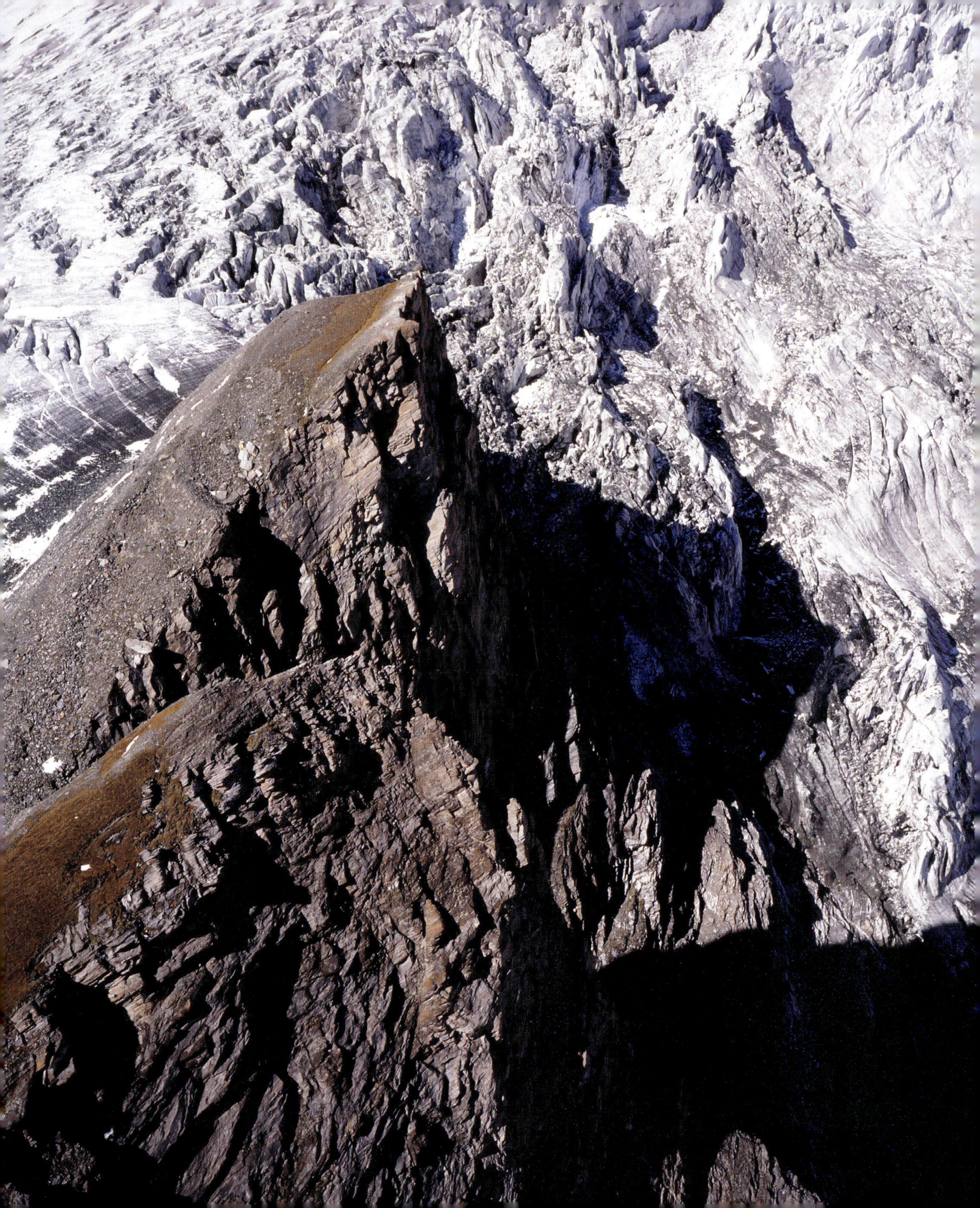

gonnen, womit wir einer weiteren profilierten und die Forschungslandschaft der folgenden Jahrzehnte prägenden Persönlichkeit begegnen: Hanns Tollner. Zu seinen ersten Arbeiten gehörte die Untersuchung des kalten Gletscherwindes auf der Pasterze, für die er schon in den frühen 1930er-Jahren Messungen mithilfe von Pilotballonaufstiegen durchführte. Tollner war auch die treibende Kraft hinter dem meteorologischen Messnetz, mit dessen Ausbau die klimatischen Bedingungen im Umfeld der Pasterze allmählich systematisch erfasst werden konnten. Da die Arbeits- und Publikationsmöglichkeiten für die Wissenschaft während des Zweiten Weltkrieges massiv eingeschränkt waren, blieben viele der Forschungsergebnisse und Erkenntnisse daraus bis in die Nachkriegszeit unveröffentlicht. Dies gilt nicht nur für die Monografie Paschingers, sondern auch für Tollners Buch über „Wetter und Klima im Gebiet des Großglockners", das erst 1952 erschien. Hierin verarbeitete Tollner aber auch die Ergebnisse jener umfangreichen Messungen, die die Elektrizitätswirtschaft im Vorfeld des sich abzeichnenden Zugriffs auf das Schmelzwasser der Hohen Tauern unmittelbar nach dem Zweiten Weltkrieg begonnen hatte.

Satellitenaufnahme aus dem Jahr 2009.

Linke Seite: Der Kleine Burgstall, eine Fels- und Vegetationsinsel inmitten der Eisströme der Pasterze. 6. September 1999.

Das Gletschervorfeld der Pasterze – ein Kleinod mit botanischen Kostbarkeiten

Susanne Gewolf

Oben: **Alpen-Schotenkresse** (Braya alpina)

Unten: **Rudolphi-Steinbrech** (Saxifraga rudolphiana)

In der Glocknergruppe finden sich auf engem Raum sehr viele unterschiedliche Ausgangsgesteine, Böden und klimatische Bedingungen. Diese Voraussetzungen lassen eine weite Palette an verschiedenen Lebensräumen entstehen, die wiederum eine Reihe von seltenen und gefährdeten Pflanzen- und Tierarten aufweisen. Diese große Vielfalt an Kleinlebensräumen und unterschiedlichen Arten spiegelt sich besonders im Gletschervorfeld der Pasterze wider.

Hier trifft man auf mehrere Endemiten. Dabei handelt es sich um ganz besondere Pflanzen- und Tierarten, die nur in einem räumlich begrenzten Gebiet, zum Beispiel in den österreichischen Alpen, natürlich vorkommen: Die **Alpen-Schotenkresse** (Braya alpina) ist eine sehr seltene, in den Ostalpen endemische Pflanze. Sie findet sich in Tirol, Salzburg und Kärnten und in Südtirol. Die Alpen-Schotenkresse wurde 1813 erstmals von David Heinrich Hoppe in der Nähe der Pasterze – in der Gamsgrube – entdeckt und beschrieben. Sie ist eine Pionierpflanze und wächst auf locker bewachsenen Rohböden. Diese unscheinbare, weiß blühende Pflanze ist äußerst konkurrenzschwach, das heißt, sobald die Lücken von anderen Pflanzenarten besetzt werden, kann die Alpen-Schotenkresse nicht mehr wachsen.

Der **Rudolphi-Steinbrech** (Saxifraga rudolphiana) ist ebenfalls ein Endemit der Ostalpen. Dieser Steinbrech kommt in der Steiermark, Kärnten, Tirol und Salzburg vor. Im Glocknergebiet ist er durchaus häufig anzutreffen. Außerhalb von Österreich findet sich diese Pflanze nur im Brennergebiet in Südtirol und in den Südtiroler Dolomiten. Der Rudolphi-Steinbrech ist als echte Hochgebirgspflanze sehr gut an die widrigen Witterungsverhältnisse angepasst. Er bildet dichte, flache und sehr kompakte Polster, die sich vom ähnlichen und weitverbreiteten **Gegenblatt-Steinbrech** (Saxifraga oppositifolia) durch kleinere Blätter und das Fehlen von Ausläufern unterscheiden. Ausläufer sind Kriechtriebe, die nach ihrer Abtrennung von der Mutterpflanze als eigenständige Pflanzen existieren können. Die Blüten des Rudolphi-Steinbrechs sind gegen Kälte sehr unempfindlich, darum blüht er als eine der ersten Pflanzen nach der Schneeschmelze. Der frühe Blühzeitpunkt bringt jedoch mit sich, dass teilweise noch nicht genügend Insekten als Bestäuber der Blüten unterwegs sind. Dem begegnet der Rudolphi-Steinbrech mit der Fähigkeit, sich auch selbst bestäuben zu können.

Nicht endemisch, aber dennoch besonders interessant sind die Orchideen, von denen ebenfalls mehrere

Arten in der Nähe der Pasterze zu finden sind. Orchideen-Blüten weisen das größte Spektrum auf, was Formen und Farben im Pflanzenreich anbelangt, und so gilt die Orchidee für viele Menschen als Königin der Pflanzen.

Der **Frauenschuh** (Cypripedium calceolus) ist eine der schönsten und auffallendsten heimischen Orchideenarten. Die prächtige gelbe Blüte stellt eine Kesselfalle dar. Angelockt werden die Insekten von der gelben Farbe und dem Blütenduft, der den Insektenweibchen die Anwesenheit von Männchen vorgaukelt und sie dazu bringen soll, die Blüten zu bestäuben. Sie setzen sich an den Rand der Blüte und fallen meist in den Kessel. Die glatten, mit Öl überzogenen Innenwände verhindern eine schnelle Flucht und die Insekten werden vorübergehend gefangen gehalten. Innerhalb der Blüte wird dann durch rote Farbmale ein Vorhandensein von Nektar vorgetäuscht. Die Insekten folgen den Farbmalen, die über den Geschlechtsapparat der Orchidee nach draußen führen. Auf diese Weise wird zuerst die Narbe, die einen Teil des weiblichen Geschlechtsorganes in einer Blüte darstellt, mit Blütenstaub bedeckt und zum anderen nehmen die Insekten unfreiwillig auch Blütenstaub auf. Somit werden die bestäubenden Insekten gleich doppelt getäuscht und gehen völlig leer aus. Zuweilen kommt es für sie aber noch schlimmer, denn oftmals lauern Raubspinnen in den Kesseln und machen diese zur tödlichen Falle.

Der Frauenschuh wächst im Vorfeld der Pasterze inmitten einer subalpinen Zwergstrauchheide mit jungen Lärchen, wie ein Fund aus dem Jahr 2010 beweist. Dabei handelt es sich um eine Besonderheit: Es muss ein relativ junges Vorkommen gewesen sein, da nur ein einziges Individuum entdeckt wurde, an einem Wuchsort, der erst frühestens Mitte der 1920er-Jahre eisfrei geworden ist. Der Fund belegt eindrucksvoll, dass selbst auf einer so jungen Bodenentwicklung für hoch spezialisierte Orchideen bereits Lebensraum vorhanden sein kann.

Die Samen aller Orchideen sind sehr klein und leicht. Ihnen fehlt das Nährgewebe, das für eine erfolgreiche Keimung von Vorteil ist. Daher sind alle Orchideensamen zumindest bei der Keimung auf eine Gemeinschaft mit einem Pilz angewiesen. Die **Korallenwurz** (Corallorhiza trifida) weist nur wenig Blattgrün auf und kann deshalb kaum Fotosynthese – den Aufbau organischer Stoffe aus Luft und Wasser mithilfe von Sonnenenergie – betreiben. Hier ersetzt nun der Pilz die fehlende Fotosynthese. So bleibt diese Orchidee nicht nur im Keimungsstadium, sondern zeitlebens voll und ganz auf ihren Pilzpartner angewiesen.

Die Korallenwurz wächst bevorzugt in Nadelwäldern, weshalb die mehrfachen, individuenreichen und dauerhaften Vorkommen im Gletschervorfeld der Pasterze eine große Besonderheit darstellen.

Oben: **Frauenschuh**
(Cypripedium calceolus)

Unten: **Korallenwurz**
(Corallorhiza trifida)

Hanns Tollner (1903–1975) Meteorologe und Klimaforscher, Polar- und Gletscherforscher, 1950–1968 Leiter der Wetterdienststelle für Salzburg und Oberösterreich, Honorarprofessor an der Universität Salzburg

„Das Bedürfnis nach einer ausführlichen Wetter- und Klimabeschreibung ist gegenwärtig für kein Gebiet Österreichs so groß wie für seinen höchsten Berggipfel mit seiner an Naturschönheiten so reichen unmittelbaren Umrahmung. Berühren sich doch dort neben naturkundlichen und touristischen Interessen große Bauvorhaben österreichischer verstaatlichter Elektroindustrien und Straßen-, Seilbahn- und Aufzugsprojekte." [52]

52 Tollner, Hanns, 1952: Wetter und Klima im Gebiete des Großglockners. – Carinthia II, 14. Sonderheft, Klagenfurt, S. 5

Auch wenn diesem Messnetz später noch weitere, im Rahmen unterschiedlicher Forschungsinitiativen eingerichtete Sonderstationen folgen sollten, sind noch einige dieser Messstellen in Betrieb, insbesondere die Totalisatoren (= Hochgebirgsregenmesser). Diese wurden nicht zuletzt auch auf Basis der Erfahrungen im Umkreis von Sonnblick und Pasterze weiterentwickelt. Sie gelten nach wie vor als probates Mittel zur Messung des Niederschlags im Hochgebirge, dessen Problematik darin besteht, dass die starken Winde vielfach einen Großteil der Niederschlagsmenge (besonders in Form von Schnee) über das Messgerät hinwegblasen (und diese somit nicht den gesamten, „tatsächlichen" Niederschlag erfassen).

Die Energiewirtschaft bemächtigt sich des Schmelzwassers der Pasterze

Hans Tollner hatte schon früh vorweggenommen, was wir heute als angewandte Forschung bezeichnen – seine Arbeiten hatten in der Regel nicht nur klar definierte Auftraggeber, sondern auch einen expliziten Forschungszweck. Dieser lag in der Klärung der Frage nach dem Umfang der Wasserspende, die von den Gletschern (in Jahren mit starker Abschmelzung, also Nettomassenverlusten) abgegeben wird und zusammen mit dem Niederschlag für die Gewinnung elektrischer Energie zur Verfügung steht. Die Nutzung der Wasserkräfte des Hochgebirges in größerem Stil war in der Zwischenkriegszeit möglich geworden – aus dem Montafon in Vorarlberg lieferte seit 1930 eine Hochspannungsleitung Strom ins Ruhrgebiet. Auch die Hohen Tauern gerieten ab Mitte der 1920er-Jahre ins Blickfeld energiewirtschaftlicher Planung, wobei ursprünglich eine aus heutiger Sicht kuriose Technik ins Auge gefasst worden war. Das Wasser sollte über ein insgesamt über 1200 km langes System von hangparallelen Kanälen gesammelt und in ein großes Staubecken im Kapruner Tal geleitet werden. Doch schon das erste Probestück eines solchen Kanals – ebenfalls bei Kaprun, auf der Höhe des Speichers Wasserfallboden – zeigte den prinzipiellen Denkfehler auf: Im Kanal sammelte sich nämlich nicht nur das den Hang herabströmende Wasser, sondern auch das in großen Mengen von den felsigen Hängen herabfallende Steinschlag- und Schuttmaterial, sodass die Freihaltung solcher Anlagen schon für die damaligen Verhältnisse bei Weitem zu arbeits- und kostenintensiv gewesen wäre.

Dennoch blieben die Hohen Tauern Hoffnungsgebiet der Elektrizitätswirtschaft, und nach dem „Anschluss" Österreichs an das nationalsozialistische und „energiehungrige" Deutschland begannen die „Alpen-Elektro-Werke" mit den Bauarbeiten. Die Sache hatte offenbar so hohe politische Priorität, dass 1938 in Kaprun kein geringerer als Hermann Göring den Startschuss hierfür gab. Trotz des Einsatzes von Kriegsgefangenen und KZ-Häftlingen, die unter unvorstellbaren Strapazen und Verlusten arbeiteten, gab es während des Zweiten Weltkrieges jedoch nur geringe Baufortschritte, sodass die Gesamtanlage erst in den Nachkriegsjahren durch die finanzielle Unterstützung der USA fertiggestellt werden konnte.

Das aus den Trümmern des Zweiten Weltkrieges wieder erstandene Österreich machte sich vor dem Horizont des erhofften Wirtschaftsaufschwungs sofort an den hierfür notwendigen Ausbau der Energiegewinnung. Dabei besann man sich der beiden großen Wasserkraftreserven des Landes, und zwar einerseits des Hochgebirges und andererseits der Donau. An beiden wurden Projekte entwickelt und zügig realisiert, die bald für die entstehende Nation identitätsstiftend werden sollten: das Kraftwerk Kaprun in der Glocknergruppe und das Kraftwerk Ybbs-Persenbeug an der Donau. Dass die Wahl auf Kaprun fiel, hängt wohl primär mit den schon früher erkann-

Der Totalisator im Wasserfallwinkel – gut erkennbar ist der Metallring, der die Wirkung des Windes auf das Sammelgefäß reduzieren soll.

Von der E-Wirtschaft oft als Bereicherung, vom Naturschutz als Zerstörung der Landschaft aufgefasst, sind die großen Speicherseen in jedem Fall ein bedeutendes Stück österreichischer Wirtschaftsgeschichte – Tiefblick vom Mittleren Bärenkopf auf die Stauseen der Kraftwerksgruppe Kaprun (Mooserboden vorne, Wasserfallboden hinten).

ten idealen Geländegegebenheiten zusammen (Vorhandensein hoch gelegener Stauräume und großer energiewirtschaftlich nutzbarer Fallhöhe). Außerdem waren nicht nur die Planungen, sondern auch manche Vorarbeiten weit fortgeschritten. 1947 richtete die staatliche Tauernkraftwerke A.G. (als Nachfolgerin der Alpen-Elektro-Werke) die Großbaustelle ein und konnte 1955 die Gesamtanlage ihrer Benützung übergeben.

Es ist hier nicht der Platz, auf die ausgezeichnet dokumentierte Geschichte der Kraftwerksgruppe Kaprun einzugehen, sehr wohl aber auf die besondere Verknüpfung zwischen dem Kraftwerk und der Pasterze. Diese hatte nämlich große Bedeutung für das Projekt: Schon während des Zweiten Weltkrieges war der Beschluss gefasst worden, die aus der Pasterze entspringende Möll zu fassen und das Wasser durch einen Stollen unter dem Alpenhauptkamm hindurch ins Kapruner Tal zu leiten. Zu diesem Zweck musste die junge Möll wenig unterhalb ihres Ursprungs aus dem Gletschertor der Pasterze gefasst werden, wofür sich die Margaritze, eine Geländesenke, die erst in den 1920er-Jahren vollständig eisfrei geworden war, anbot. 1949 begannen hier die Bauarbeiten mit der Errichtung einer Werksseilbahn von Heiligenblut auf den Margaritzenfelsen, wo in der Folge auch eine Barackensiedlung für die Arbeiter entstand. Die von hier aus zu bewerkstelligenden Arbeiten umfassten neben dem Bau der beiden Stauwerke (93 m hohe Möll- und 40 m hohe Margaritzensperre) auch eine Zuleitung des Leiterbaches aus einem rechten Seitental der Möll durch einen 1,8 km langen Stollen, vor allem aber die Errichtung des 11,6 km langen Möll-Überleitungsstollens zum Stausee Mooserboden im Kapruner Tal.

Für diese Vorhaben verlor der Alpenverein noch einmal ein Stück seines Grundbesitzes, indem er gezwungen wurde, 35 Hektar an die Tauernkraftwerke zu verkaufen. Diese stellten im Gegenzug immerhin die Begehbarkeit der Sperren für Touristinnen und Touristen sicher. Der Kraftwerksbau im Vorfeld der Pasterze veränderte das Landschaftsbild sehr stark, nicht nur durch die beide großen Sperren und den von ihnen aufgestauten See, sondern auch durch Werksstraßen und -gebäude, auch wenn letztere zum größten Teil nach der Eröffnung der Kraftwerksgruppe 1955 rückgebaut wurden. Fundamentreste sind noch immer erkennbar. Aber es kam auch zu weiter reichenden Veränderungen, von denen die Umleitung des Wassers der obersten Möll zum Einzugsgebiet der Salzach das hydrologische System der Möll nachhaltig veränderte, indem es ihm die sommerliche Schmelzwasserspitze raubte. Der Stausee wirkte weiters als ein Rückhaltebecken nicht nur für Wasser, sondern auch für Sedimente, die sonst im weiter talabwärts gelegenen Abschnitt des Flusssystems zur Ablagerung gekommen wären – ein Aspekt, der schon wenige Jahrzehnte später zu einem zentralen

Die Baustelle mit Bauarbeiter-Baracken auf dem Margaritzenfelsen 1952 mit Blick auf Pasterze und Großglockner (W. Wagner, Wien), 30. August 1952.

Der Margaritzenstausee mit den beiden Sperren im Tiefblick von nahe der Franz-Josefs-Höhe (2009).

Junge Lärchen an einem seit dem beginnenden 20. Jahrhundert eisfreien Standort am Gletscherweg Pasterze mit dem Margaritzensee im Hintergrund.

Problem für den Betrieb der gesamten Kraftwerksgruppe werden sollte. Zu den als positiv zu bewertenden Veränderungen zählen die in der ersten Hälfte der 1960er-Jahre angepflanzten Lärchen, die den unteren Teil des Gletschervorfeldes besiedeln und sich seit damals recht dynamisch entwickeln.

Der Großglockner als eines der Herzstücke des österreichischen „Alpenmythos"

Der bekannte Kulturgeograf und Alpenforscher Werner Bätzing (1997) hat darauf hingewiesen, dass sich in den Alpenstaaten Schweiz und Österreich Wahrnehmungsmuster, die auf Geschichte und Traditionen gründen, zu eigenständigen Alpen-Mythen verdichtet haben. Diese wiederum spielten bei der Konstruktion eines nationalen Selbstverständnisses eine beachtliche Rolle. Für Österreich ist von besonderer Bedeutung, dass sich der nach 1919 entstandene Kleinstaat erst eine Identität aufbauen musste. Hierzu boten sich die Alpen an, haben sie doch mit zwei Drittel der Fläche eine dominante Stellung im Landschaftsgefüge des Staates inne. Das Großglockner-Gebiet eignete sich seit dem kaiserlichen Besuch 1856 als Nationalsymbol, das als Bühne der wirtschaftlichen Erfolgsstory Großglockner-Hochalpenstraße mit – politisch sorgsam konstruierter – gesamtstaatlicher Signalwirkung noch aufgewertet worden war.

Die soeben fertiggestellte Kraftwerksgruppe Kaprun überhöhte nun die Wertschätzung des Gebietes vollends zum Symbol des nationalen Wiederaufstiegs aus eigener Kraft. Schon während der Bauzeit hatten neben Reportagen auch Filme und Romane[53] das Leben und die Arbeit der „Männer von Kaprun" zum Mythos gemacht! Aufgrund des steigenden Wohlstandes, gepaart mit den laufenden Errungenschaften des sozialen Wohlfahrtsstaates und der einsetzenden Massenmotorisierung, setzte ein bisher noch nicht gekannter Aufschwung des Tourismus ein, der sowohl den Kraftwerken als auch der Glocknerstraße einen ungeheuren Zulauf bescherte. Die Pasterze war dabei zwar nicht das zentrale Objekt, aber doch weder für das Kraftwerk – als wichtiger Wasserspender – noch für den Sichtgenuss von der Franz-Josefs-Höhe aus – als dem Panorama Tiefe verleihender Vordergrund – entbehrlich. So wurde der Familienausflug zum Großglockner ab dem Ende der 1940er-Jahre ein „rituelles Vergnügen der österreichischen Automobilisten"[54], das gleichzeitig auch den Glauben an die Republik stärkte.

Mit den gleichzeitig wieder aufkommenden Erschließungsplänen, von denen das nächste Kapitel berichtet, wurde die hochalpine Trinität Großglockner – Pasterze – Gamsgrube auch erneut zum Emblem der Naturschutzbewegung. Diese hatte es in der Wiederaufbauzeit besonders schwer – schlicht und einfach wohl deshalb, weil die Menschen andere Sorgen hatten als sich dafür zu engagieren, dass bestimmte Gebiete außer Nutzung gestellt werden sollten. Dennoch rief das wieder ausgegrabene Projekt einer Bergbahn auf den Fuscherkarkopf vor allem den Widerstand jener Wissenschaftler hervor, die schon in den 1930er-Jahren dagegen gekämpft hatten. So erschien 1951 in der damals führenden Naturschutz-Zeitschrift „Natur und Land" ein Sonderheft „Schutz der Gamsgrube" und im selben Jahr publizierte der Vegetationskundler Gustav Wendelberger einen Artikel mit dem Titel „Krimmler Wasserfälle – Gesäuse – Gamsgrube. Die Kardinalpunkte des österreichischen Naturschutzes". Damit ordnete er drei alpinen Naturwundern den Status von im nationalen Kontext unbedingt schützenswerten Sanktuarien zu – kein Wunder, dass dazu auch ein Objekt im Umkreis der Pasterze gehörte.

53 Zum Beispiel: Maix, Kurt (1964): „Kaprun – gezähmte Gewalten", Wien.

54 Rigele, G., 1998, a.a.O., hier: S. 365.

Ein Bauensemble, das die großtechnische Erschließung für den Massentourismus an der Pasterze repräsentiert – Franz-Josefs-Höhe und Pasterzenbahn.

55 Gelb, G. (1989): Das Pasterzengebiet in der Obhut des Alpenvereins. In: Oesterreichischer Alpenverein, Verwaltungsausschuss (Hrsg.): Albert-Wirth Symposium Gamsgrube (Heiligenblut). Tagungsbericht. Fachbeiträge des Oesterreichischen Alpenvereins – Serie: Alpine Raumordnung Nr. 2; Innsbruck, S. 97–113. hier: S. 109–110.

Massentouristische Erschließungspläne

1948 hatte sich die wirtschaftliche Situation so weit konsolidiert, dass – wie schon erwähnt – das Projekt der großtechnischen Erschließung des Fuscherkarkopfes wieder aufgegriffen werden konnte. Dass es nicht zur Realisierung kam, lag weniger am Widerstand einer kleinen wissenschaftlichen Elite und des (nunmehr wieder Oesterreichischen) Alpenvereins, sondern vielmehr daran, dass die Großglockner Hochalpenstraßen AG das Geld für dringend notwendige Investitionen zur Bewältigung der Massenmotorisierung brauchte, wie etwa den bustauglichen Ausbau der gesamten Strecke und die Vergrößerung der Parkkapazitäten. Mag sein, dass auch die Alpenvereins-Mitgliedschaft des damaligen Salzburger Landeshauptmannes und GROHAG-Direktors, des späteren Bundeskanzlers Josef Klaus, die Erschließungseuphorie bremste.[55]

Die Narben der energiewirtschaftlichen Eingriffe waren noch gar nicht verheilt (sofern das bei deren Dimensionen überhaupt möglich ist), da formierte sich 1957 eine Gruppe kapitalkräftiger Heiligenbluter Unternehmer mit dem Ziel, eine Bergbahn von der Franz-Josefs-Höhe zur Pasterze zu errichten. Der Hintergrund dieses Vorhabens war das seit den 1940er-Jahren deutlich verstärkte Einsinken der Oberfläche der Pasterze, die zu jener Zeit bereits mehr als 150 Höhenmeter unterhalb der Parkplätze lag und daher für die Touristinnen und Touristen nur mehr mühsam erreichbar geworden war. Um 1935 lag der Eisrand unterhalb der Franz-Josefs-Höhe in etwa 2300 m, also 70 Höhenmeter unterhalb des Parkplatzes. Der Alpenverein lehnte auch dieses Projekt aus Naturschutzgründen ab und wurde, da der untere Teil der projektierten Standseilbahn auf Alpenvereinsgrund zu liegen kam, hierfür 1961 – diesmal nach dem Eisenbahngesetz – enteignet.

Die Bahn wurde 1963 ihrer Bestimmung übergeben, endete aber, da der Gletscher fortwährend dünner wurde, immer weiter oben am Hang über der Eisoberfläche – und inzwischen auch schon ein gutes Stück talauswärts vom Gletscherende. Da sich die Besucherinnen und Besucher über den somit immer beschwerlicher werdenden Weg von der jetzt hoch gelegenen Talstation hinunter zum Eis beklagten, wurde 1985 erstmals ein Projekt zur Verlängerung der Bahn vorgelegt, dessen Realisierung aber am Widerstand des Grundbesitzers und des mittlerweile strengen Schutzstatus (Nationalpark) scheiterte. Gleiches gilt auch für ein im Jahr 2000 ventiliertes Seilbahnprojekt von der Franz-Josefs-Höhe zum Rand der Pasterzenzunge unterhalb des Standortes Hofmannshütte.[56]

Die Eigendynamik des „Wirtschaftswunders" und der noch nie dagewesene technische Fortschritt begründeten in den 1960er-Jahren eine starke Inwertsetzungs- und Machbarkeitsideologie. Diese machte auch die touristische Marketingidee salonfähig, das Skifahren ganzjährig anzubieten. Auf dieser Grundlage kam es 1966 zur Errichtung des ersten österreichischen Gletscherskigebietes (Kaprun-Kitzsteinhorn), 1969 folgten die beiden nächsten (Dachstein und Hintertux) von heute insgesamt acht. So geriet auch die Pasterze ins Blickfeld solcher Planungen, und das Entwicklungsprogramm für das Obere Mölltal im Jahr 1966 enthielt ein Projekt für den Sommerskilauf in den hoch gelegenen Teilen der Pasterze, des Wasserfallwinkel- und des Bockkarkeeses zwischen dem Johannisberg und dem Großen Bärenkopf. Ganz diesem Zeitgeist folgend, wurde auch der Plan einer Verbindungsstraße von Kals über das Bergertörl und durch das Leitertal zum Glocknerhaus beim Osttiroler Baubezirksamt in Lienz eingereicht. Allmählich kam jedoch die Zeit, dass nicht nur Kapitalmangel die Realisierung solcher Erschließungsprojekte verhindern konnte, sondern dass auch der Naturschutz eine zunehmende Rolle in politischen Entscheidungsprozessen spielte; wie die Erweiterungs- und Alternativprojekte zur Pasterzenbahn kamen die zuletzt genannten Vorhaben jedenfalls nicht zur Ausführung.

---

56 Haßlacher, P., 2007: Alpenvereins-Arbeitsgebiet Großglockner – ein raumordnungs- und nationalpolitischer Streifzug. – In: Berg 2007 (Alpenvereinsjahrbuch „Zeitschrift" Bd. 131), München, Innsbruck, Bozen, S. 254–259.

Vom Glocknerhaus aus gesehen verschwindet die Pasterzenzunge aus dem Blickfeld. Um 1890, 1929 und in den 1950er-Jahren (vor 1959).

Das Messnetz zum Monitoring der Pasterze wird vervollständigt

Wie schon angedeutet, wurden die beiden ersten Nachkriegsjahrzehnte von ausgesprochen gletscherungünstiger Witterung beherrscht – neben dem hohen Temperaturniveau war hierfür vor allem das Ausbleiben sommerlicher Schneefälle, die die Gletscheroberflächen für einige Tage vor der Abschmelzung geschützt hätten, verantwortlich. Die Folge war ein Gletscherschwund mit einer Dynamik, wie sie seit dem ersten Jahrzehnt des 20. Jahrhunderts nicht mehr beobachtet worden war. In einzelnen Jahren verlor die Pasterze im Mittel bis zu 30 m an Länge – diese Werte sind den heutigen sehr ähnlich – und das rasche Einsinken der Oberfläche (etwa am Messprofil „Sattellinie" um 66 m allein zwischen 1946 und 1959) entrückte den Gletscher der Franz-Josefs-Höhe. Auch das Erscheinungsbild der Gletscherzunge und seiner Umgebung änderte sich stark: Der Elisabethfelsen etwa, zuvor noch an drei Seiten vom Eis umflossen, wurde zur frei stehenden Felskuppe. Das Hofmannskees verlor seine Verbindung zur Pasterze und wurde zum eigenständigen Gletscher, und am Fuß der Franz-Josefs-Höhe begann ein neues Felsbecken freizuschmelzen, worin sich ab 1958 ein See bildete. Die damals aktiven Gletschermesser nannten ihn – nach dem isländischen Wort „sandur" (= vom Schmelzbächen aufgeschüttete Schotterfläche vor dem Gletscher) – Sandersee, welche Bezeichnung sich alsbald durchsetzen sollte.

Herbert Paschinger übernahm die jährlichen Gletschermessungen von seinem Vater in jenem besonders heißen und trockenen Jahr 1947. Seit er 1958 dem Ruf als ordentlicher Universitätsprofessor für Geografie an die Universität Graz folgte, liegt das laufende Monitoring (Dauerbeobachtung) der Pasterze in der Verantwortlichkeit des „Institutes für Geographie und Raumforschung". Zu den wichtigsten Neuerungen Herbert Paschingers zählte die Vervollständigung des Messnetzes durch die Anlage zweier Messprofile in den höchsten Gletscherteilen (Oberster Pasterzenboden), die zumindest in jener Zeit noch zum Nährgebiet gehörten (beide im Nahbereich der Oberwalderhütte). Nach der Auflassung zweier kurzer Profile sind seit 1960 beständig fünf Messprofile in Verwendung, von denen nur das unterste, die heutige Freiwandlinie, seit damals zweimal gletschereinwärts verlegt werden musste, weil sich das Eis durch den anhaltenden Gletscherrückzug hinter die Profillinien zurückgezogen hatte.

Am Rückzug der Pasterze änderte auch nichts, dass beginnend mit 1965 eine Phase gletschergünstigerer Witterung einsetzte, die – von Einzeljahren abgesehen – bis 1980 anhielt. Sie ist als Vorstoßphase von 1965 bis in die 1980er-Jahre (oder kurz als „1980er-Vorstoß") in die gletscherkundliche Literatur eingegangen, blieb aber in ihren Wirkungen zu gering, als dass die träge Pasterze mit einem Gletschervorstoß reagieren hätte können. Eine Erhöhung der Oberflächenbewegung und eine geringfügige Aufhöhung der Oberfläche an den höher gelegenen Profilen waren die einzigen durch das Monitoring erfassbaren Parameter der Gletschergunst an der Pasterze. Sehr wohl aber reagierten kleinere Gletscher, etwa das Freiwandkees, mit Vorstößen, welche aber durchwegs schon wenige Jahre nach 1980 abklangen und einem Rückzug wichen, der bis heute bei nahezu allen Gletschern anhält.

Seit den 1980er-Jahren ist die Pasterze nicht mehr zu sehen.

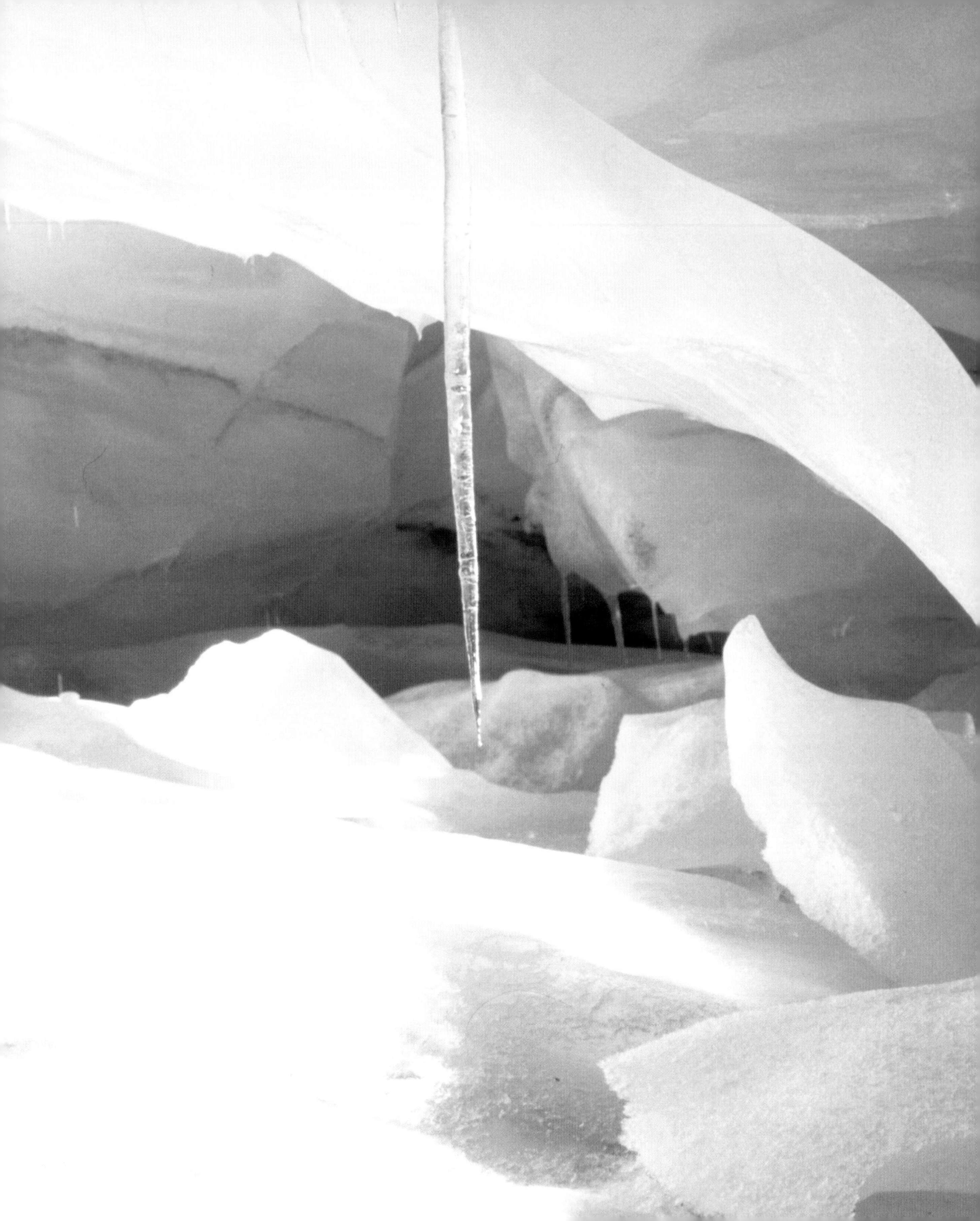

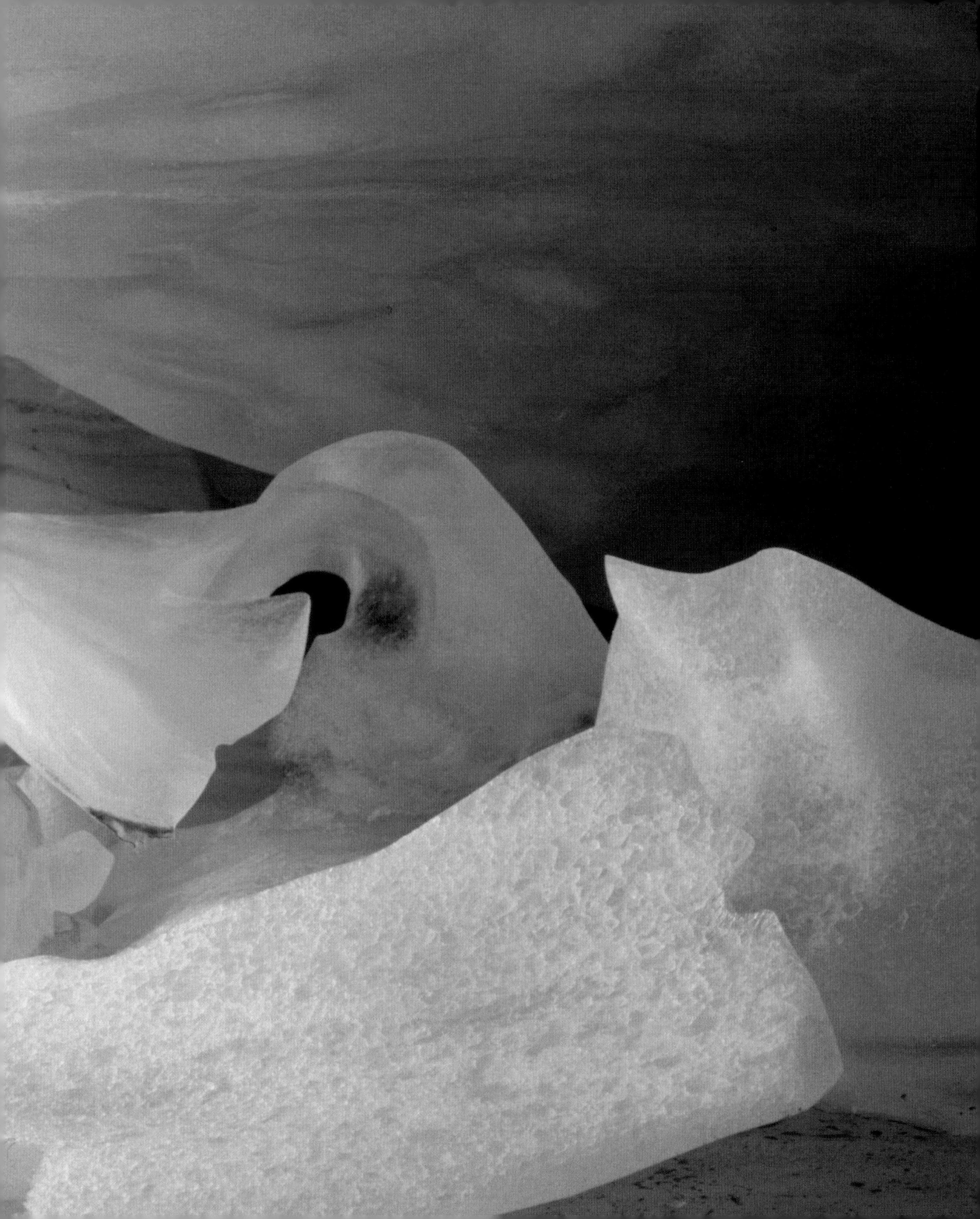

Die Pasterze und der Alpenverein
Von Albert Wirth bis zum 30. Geburtstags des Nationalparks Hohe Tauern

Peter Haßlacher

Geboren 1949, seit 1980 Leitung der Fachabteilung Raumplanung-Naturschutz des Oesterreichischen Alpenvereins, Innsbruck. Engagierte Mitwirkung bei der Realisierung des Nationalparks Hohe Tauern, OeAV-Vertreter in verschiedenen Nationalparkgremien Hohe Tauern, Vorsitzender der Internationalen Alpenschutzkommission CIPRA Österreich, Vizepräsident des österreichischen Umweltdachverbandes. Konrad Lorenz-Staatspreisträger für Umweltschutz in Österreich und Träger des Binding-Preises in Liechtenstein.

Grundeigentum verpflichtet! Nirgendwo in den Alpen wird die Verantwortung als Grundeigentümer für den Naturschutz in Österreich so deutlich wie auf dem Eigentum des Oesterreichischen Alpenvereins (OeAV) im hintersten Mölltal um Großglockner, Pasterze, Johannisberg und Fuscherkarkopf – und das über viele Jahrzehnte hinweg. Aus heutiger Sicht kann die Schenkung dieses für Österreich repräsentativen Hochgebirgsraumes „Großglockner – Pasterze" vom Villacher Holzindustriellen Albert Wirth (1874–1957) im Jahr 1918 an den Oesterreichischen Alpenverein aus diesem Grund nicht hoch genug eingeschätzt werden. Denn das Gebiet stand bis zum Beginn dieses Jahrtausends immer wieder im Mittelpunkt touristischer und energiewirtschaftlicher Begierden. Ohne das Engagement vieler Alpenvereins-Generationen würde heute dem Nationalpark Hohe Tauern – der im Jahre 1981 von der Kärntner Landesregierung verordnet worden ist – das Herzstück fehlen. Aus dem Blickwinkel der Naturschutzgeschichte des Alpenvereins betrachtet, zählte der Erwerb und die Verteidigung des Glocknerareals zu den Kernaktivitäten in der Zwischenkriegszeit. Die Mitarbeit des Alpenvereins am Zustandekommen des ersten österreichischen Nationalparks in den Hohen Tauern trug auch in der zweiten Hälfte des 20. Jahrhunderts wesentlich zur Integration des Naturschutzes im Alpenverein bei. So identifizieren sich die OeAV-Sektionen Austria, die Akademischen Sektionen Wien und Klagenfurt sowie die vor Ort tätige Sektion Großkirchheim-Heiligenblut, die hier Arbeitsgebiete und Schutzhütten besitzen, seit vielen Jahren mit den aus dem OeAV-Grundeigentum erwachsenden Aufgaben. Wegen der besonderen Bedeutung des Pasterzengebietes für den Naturschutz und den Nationalpark Hohe Tauern hat der Hauptverein im Jahr 2009 den Gletscher samt Vorfeld und Umrahmung als Arbeitsgebiet in seine Obhut übernommen.

90 Jahre Naturschutzverantwortung

Der Oesterreichische Alpenverein steht also seit über 90 Jahren in der Verantwortung für das ihm anvertraute Glocknergebiet auf Kärntner Seite. Wegen seiner Bedeutung für den Nationalpark sei der Brief Albert Wirths an den OeAV vom 20. Juli 1918 hier noch einmal wörtlich zitiert:

„Ich bitte den verehrlichen Hauptausschuß, diese Widmung entgegenzunehmen und knüpfe daran den Wunsch, dass das gewidmete Großglocknergebiet als Naturschutzpark der Zukunft erhalten bleibe."[a]

Der Alpenverein hat dieses besondere Vermächtnis sehr ernst genommen und verteidigte die Wirth'sche Schenkung gegen unzählige Projektideen, obschon der politische Druck der Kärntner Landesregierung vor und nach der Realisierung des Nationalparks manchmal unverschämt hoch war. Von der Schenkung Albert Wirths im Ausmaß von rund 41 km² Grund und Boden im Jahre 1918 musste der Alpenverein dreimal für Projekte im öffentlichen Interesse Abstriche machen: Im Jahr 1936 bei der Enteignung des Alpenvereins für den von der Großglockner Hochalpenstraßen AG errichteten Gamsgrubenweg von der Franz-Josefs-Höhe zum Wasserfallwinkel. Im Jahr 1952 – in der Zeit des österreichischen Wiederaufbaus – blieb dem Alpenverein nichts anderes übrig, als mit den Tauernkraftwerken zwecks Abtretung des Margaritzengebietes (35 Hektar) einen Vertrag abzuschließen. 1961 folgte schließlich die Enteignung des Alpenvereins für die Errichtung der Freiwandeck-Standseilbahn von der Franz-Josefs-Höhe zum damaligen Gletscherrand der Pasterze. Seit damals sind die Grenzen zwischen Alpenverein und seinen Nachbarn, zwischen Natur-, Landschaftsschutz und Großtechnik sowie Nationalpark und Energie- und Tourismuswirtschaft klar abgesteckt. Die noch im regionalen Entwicklungsprogramm für das obere Mölltal aus dem Jahr 1966 enthaltene Projektidee einer Nutzung der Pasterze für den Pistenskilauf und der bis in die frühen 1980er-Jahre auf der Pasterze durchgeführte Pasterzen-Langlaufwettbewerb waren aufgrund der nationalparkgesetzlichen Bestimmungen nicht mehr möglich. Die Unterschutzstellung des Alpenvereins-Grundeigentums als Naturschutzgebiet im Jahre 1935 wäre jedoch für die Realisierung des Skigebietes kein Hindernis gewesen.

... und ewig lockt das Eis – trotz größtmöglichem Schutz!

Der Margaritzenspeicher und die Standseilbahn Freiwandeck sollten ab Mitte der 1990er-Jahre aufgrund des starken Schwundes der Pasterze noch einmal für ganz erhebliche Spannungen zwischen dem Alpenverein und verschiedenen anderen Protagonisten sorgen. Das Abschmelzen

Der Pasterzenlauf, ein Langlaufwettbewerb in den frühen 1980er-Jahren.

[a] Vgl. auch Seite 66.

Blühendes Gletschervorfeld – Blick über den Sandersee zur Pasterze.

der Pasterze und damit Absinken der Eisoberfläche drängte die Großglockner Seilbahn GmbH & Co KG, der die Standseilbahn gehört, auf eine Verlängerung bis zum neuen Gletscherrand. Dieses Ansinnen wurde vom OeAV mit Verweis auf den seit 1981 bestehenden Nationalpark und die Verordnung des Sonderschutzgebietes „Großglockner – Pasterze" (1986) zurückgewiesen.

Schließlich sorgte das Projekt einer Pendelseilbahn von der Franz-Josefs-Höhe zum hinteren Pasterzenboden – einige Kilometer gletscheraufwärts – für neuerliche Aufregung. Klarerweise war der alte Standort aufgrund der Ferne zum Eis für Touristen zu unattraktiv geworden, weshalb das Ansinnen einer infrastrukturellen Nachrüstung auf Alpenvereinsgrund im Nationalpark Hohe Tauern gestellt wurde. Die Versammlung der Mölltaler Bürgermeister erwog in diesem Zusammenhang sogar die Herausnahme der Flächen unterhalb der Franz-Josefs-Höhe bis zur Pasterze aus dem Nationalpark Hohe Tauern, um touristische Projekte verwirklichen zu können. Der Oesterreichische Alpenverein lehnte diese Pläne neuerlich energisch ab und verwies auf ein ganzes Bündel von Ausschließungsgründen: die Existenz des Nationalparks Hohe Tauern (seit 1981), das

Sonderschutzgebiet „Großglockner-Pasterze" (1986), der Bestand des Natura 2000-Gebietes (seit 1995), die internationale Anerkennung als Nationalpark der Kategorie II durch die IUCN[b] für den Kärntner Anteil (2001), die Relevanz der Alpenkonvention in Form des Durchführungsprotokolls „Naturschutz und Landschaftspflege" (in Österreich in Kraft seit 18. Dezember 2002) und den Staatsvertrag zwischen Bund und Land Kärnten nach Artikel 15a B-VG in Angelegenheiten der Kooperation für den Nationalpark Hohe Tauern (erstmals abgeschlossen 1990). Mehr und besser abgesichert konnte ein Hochgebirgsraum nicht sein!

Der Sandersee ist voll Gletscherschliff

Trotz dieser Schutzqualität für die Pasterze und ihr Gletschervorfeld wurde nach der Möllspülung – dem Ausschwemmen der im Margaritzenspeicher abgelagerten feinsten Sedimente – im Jahr 1995 versucht, auf Alpenvereinsgrund am Abfluss der noch jungen Möll vom Sandersee in die Möllschlucht ein Rückhaltebecken mit einem 15 Meter hohen Damm zu errichten. Dieser sollte verhindern, dass der Gletscherschliff der Pasterze in den Margaritzenstausee gelangt, und somit keine weiteren Spülungen – die in der Möll Schäden für

Gletscher und Gletscherrückgang als Landschaftsbildner am Ufer des ehemaligen Sandersees.

[b] International Union for Conservation of Nature

die Ökologie und Fischereiwirtschaft verursachen – notwendig wären. Der OeAV lehnte als Grundeigentümer ab und stieß in großen Teilen der Mölltaler Politik auf völliges Unverständnis und bei der Landespolitik auf Verärgerung. Eine vom OeAV-Landesverband Kärnten (Dr. Heinz Jungmeier) entwickelte Alternativlösung mit einem Entsandungsrohr im Druckrohrstollen nach Kaprun wurde zwar zuerst abgelehnt, letztlich aber doch akzeptiert und gebaut. Der Alpenverein musste die Stabilisierung der in den 1960er-Jahren errichteten groben Steinschlichtung beim Auslauf des Sandersees, wo anschließend die Möll in die Margaritze fließt, per Bescheid der obersten Wasserrechtsbehörde dulden. Es kam aber nicht zur Errichtung eines größeren Rückhaltebeckens. Der Nationalpark blieb in seinen Grenzen unangetastet!

Lehren für die Zukunft

Die geschilderten Beispiele lassen zwei wichtige Schlussfolgerungen zu:

■ Die Grenzen von Schutzgebieten, ja offensichtlich sogar die eines Nationalparks, scheinen (leider) nicht für immer in Stein gemeißelt zu sein. Ihr Bestand kann immer wieder einmal trotz der im Lauf der Jahre großen Förderleistungen für die Nationalparkregion bei Interessenkonflikten zwischen Naturschutz, Wirtschaft und schwächelnder Politik infrage gestellt werden. Darin offenbart sich der strukturelle Nachteil des Naturschutzes: Projektwerber können ein Projekt beliebig oft variiert einreichen und forcieren; verliert der Naturschutz nur ein einziges Mal, dann ist die Naturoase für immer verloren. Zurzeit erleben wir infolge von Fukushima, der proklamierten Energiewende sowie der Wasserkraftnutzung als Instrument der Kommunal- und Regionalpolitik, dass diesem Druck die Landschaftsqualität und eine raumordnerische Standortpolitik (Regionalpolitik) weichen sollen. Seilbahngesellschaften nehmen bei Planungen immer weniger Rücksicht auf bestehende Schutzgebiete. Wieso sollen sie es nicht ebenso im Kerngebiet des Nationalparks versuchen, wenn es woanders auch geht? Gerade deshalb ist stete Wachsamkeit über das Pasterzengebiet in Hinkunft so wichtig. Diese Daueraufgabe profitiert von der Aktion „Patenschaft" des Alpenvereins auf seinem Grundeigentum; dabei „kauft" der Pate symbolisch einen Quadratmeter und solidarisiert sich damit mit dem Schutzgedanken im Nationalpark.

■ Eingriffe im Hochgebirge haben immer Folgewirkungen. Einerseits ist die nahezu automatisierte Wachstumsspirale im Tourismus hinlänglich bekannt. Für die Tourismuswirtschaft auf der hochfrequentierten Franz-Josefs-Höhe war es hin und wieder offensichtlich zu wenig, dass die Gesamtkomposition der gewaltigen Landschaftskulisse von Pasterze und Großglockner, Fels und Eis für sich allein schon ein herausragendes Alleinstellungsmerkmal ist; man müsse den Besuchern durch die Erschließung mit weiteren Bahnen noch mehr bieten. Andererseits ist es die Natur, die dem wirtschaftenden Menschen die Grenzen aufzeigt. Die Tauernkraftwerke haben offensichtlich nicht mit dem gewaltigen Rückzug der Pasterze gerechnet und keine Vorsorge für den Fall getroffen, dass der Sandersee eines Tages den anfallenden Gletscherschliff nicht mehr fassen kann. Offensichtlich wurde davon ausgegangen, dass sich im Nationalpark eine natürliche Stauraummöglichkeit ergeben würde.

Beide Lehren zeigen das dauerhafte Dilemma an der Grenze zwischen höchstem Schutz und pionierhafter Technik. Dort, wo das eine weicht, möchte das andere nachrücken oder umgekehrt, wo das eine weiterrückt, wird das andere zurückgedrängt.

Alpenverein bleibt präsent

Der Oesterreichische Alpenverein hat mit seinem von Albert Wirth überantworteten Pasterzengebiet einen gewaltigen Beitrag für den Natur- und Freiraum im hintersten Mölltal geleistet. Bahnen auf die Adlersruhe und den Fuscherkarkopf samt Straße und Parkplatz in der Gamsgrube und ähnliche Projekte konnten unterbunden werden.

Seinen Möglichkeiten entsprechend hat der Oesterreichische Alpenverein versucht, die alpine Infrastruktur, aufgefädelt wie auf einer Perlenkette vom neuen Glocknerhaus der Sektion Klagenfurt bis zur Oberwalderhütte der Sektion Austria, neuen Qualitätsstandards zuzuführen. Die dazwischen liegende Hofmannshütte als älteste Schutzhütte im Nationalpark und im Eigentum der Akademischen Sektion Wien konnte trotz großer Anstrengungen des Alpenvereins aufgrund mangelnden Interesses der Politik und Uneinigkeit dem Nationalpark zu seinem 30. Geburtstag nicht saniert werden.

Bleibt noch der von mir und Wolfgang Jansche konzipierte „Gletscherweg Pasterze", das im Rahmen des vom Oesterreichischen Alpenverein/Fachabteilung Raumplanung-Naturschutz 1982/83 erarbeitete „Touristische und landwirtschaftliche Infrastrukturkonzept für die Nationalparkregion Oberes Mölltal", als eine unmittelbare Hommage an diesen gewaltigen Gletscher Österreichs. Er wurde 1983 vom Oesterreichischen Alpenverein errichtet, eröffnet und führt jährlich viele Nationalparkbesucher durch das interessante Vorfeld der Pasterze. Die nötigen Adaptierungen wurden und werden aus der OeAV-Aktion Patenschaft für den Nationalpark Hohe Tauern finanziert.

Im Schutzgebiet des Oesterreichischen Alpenvereins gilt: Diese Naturoase soll auf Dauer der freien natürlichen Entwicklung gewidmet bleiben.

Der Weg in die Postmoderne: Freizeitgesellschaft, massiver Gletscherschwund und der Durchbruch im Gebietsschutz
Die Pasterze als Teil des ersten österreichischen Nationalparks

Im Laufe der 1960er-Jahre kamen die negativen Folgen des nachkriegszeitlichen Wirtschaftswunders immer deutlicher zum Vorschein, oder genauer gesagt, wurden diese von immer mehr Menschen wahrgenommen. Luftverschmutzung wurde zum Thema, später auch der „saure Regen", aber auch der Schutz naturnaher Landschaften vor großtechnischem Zugriff – große Kraftwerksprojekte begannen den Glanz des Fortschritts zu verlieren und ihre ökologischen Auswirkungen wurden immer stärker hinterfragt. Nachdem schon 1978 das fertige österreichische Atomkraftwerk Zwentendorf wegen eines ablehnenden Volksentscheides nicht in Betrieb gegangen war, spitzte sich in den 1980er-Jahren die Auseinandersetzung zwischen den Interessen der Energiewirtschaft auf der einen und des Umweltschutzes auf der anderen Seite noch einmal dramatisch zu. Die beiden damals geplanten Großkraftwerke Hainburg und Osttirol/Dorfertal – Schauplätze waren erneut die Donau und die Hohen Tauern – gingen nach langem Tauziehen nicht in Betrieb, was im ersten Fall den Weg zum späteren Nationalpark Donauauen und im zweiten zum Nationalpark Hohe Tauern auf Tiroler Territorium ebnete. Die Pasterze und ihre Umrahmung waren zu dieser Zeit bereits Teil des ersten österreichischen Nationalparks, den die Kärntner Landesregierung 1981 per Verordnung ins Leben gerufen hatte. Die Vorgeschichte dieser Entscheidung, die damals selbst in Naturschutzkreisen mit Skepsis aufgenommen wurde, heute aber auch ganz offiziell als Geburtsstunde der österreichischen Nationalparks gilt, führt uns in die frühe Nachkriegszeit zurück. Im Zuge der schon geschilderten Auseinandersetzung um die seilbahntechnische Erschließung des Fuscherkarkopfes regte der Naturschutzbund 1951 die Errichtung eines Nationalparks in den Hohen Tauern an. Diesen Vorschlag unterstützte 1953 auch eine Resolution des Oesterreichischen Alpenvereins (der ja Grundbesitzer eines großen Teiles des Glockner-Pasterzengebietes ist), doch brauchte es eben noch einige Zeit bis zu jenem umweltpolitischen Paradigmenwechsel, der konkrete Schritte zu einem Nationalpark ermöglichte. Immerhin wurde 1964 das Pasterzengebiet (und die Kärntner Seite der benachbarten Schobergruppe) wieder zum Naturschutzgebiet erklärt, nachdem dieser schon 1935 verliehene Status in der Zwischenzeit wegen einer Änderung der Landesgesetze dem Gebiet verloren gegangen war.

Als entscheidender Meilenstein am Weg zum Nationalpark Hohe Tauern gilt die am 21. Oktober 1971 unterzeichnete „Heiligenbluter Vereinbarung", worin die Landeshauptleute von Kärnten, Salzburg und Tirol den politischen Willen zur Errichtung eines länderübergreifenden Nationalparks bekundeten (was meist als eine Folge des Europäischen Naturschutzjahres 1970 interpretiert wird). Dass dies vor der Kulisse des Großglockners erfolgte, ist sicherlich kein Zufall, denn aus der bisher geschilderten Naturschutzgeschichte heraus wird leicht verständlich, dass nach wie vor Großglockner, Gamsgrube und Pasterze als die symbolhaften Herzstücke dieses Schutzgebietes angesehen wurden. Obwohl sich schon 1972 eine eigens hierfür gegründete Nationalparkkommission an die Realisierung machte, zog sich diese – einerseits wegen der notwendigen, mühsamen Verhandlungen mit über 1000 Grundbesitzern und andererseits wegen massiver Widerstände besonders von Seiten der Energiewirtschaft – noch ein knappes Jahrzehnt hin, bis Kärnten das schon vorhandene Schutzgebiet in der Glockner- und Schobergruppe 1981 zum Nationalpark erklären konnte.

Der weitere Werdegang des Nationalparks Hohe Tauern darf als Erfolgsgeschichte gelten, nicht zuletzt deshalb, weil hier erstmals die konsensbetonte, partizipative Errichtung und Entwicklung eines Schutzgebietes und seines Umfeldes im Sinne einer Modellregion für nachhaltige Entwicklung erprobt und praktiziert wurde. Das auszuloten, ist an dieser Stelle weder möglich noch notwendig, jedoch darf nicht verschwiegen werden, dass der Nationalpark – der seit 1984 auch in Salz-

Die Unterzeichnung der Heiligenbluter Vereinbarung 1971 gilt als entscheidender politischer Schritt auf dem Weg zum Nationalpark Hohe Tauern.

Am Rand der Gamsgrube weist eine große Tafel auf das Sonderschutzgebiet und das darin herrschende Wegegebot hin.

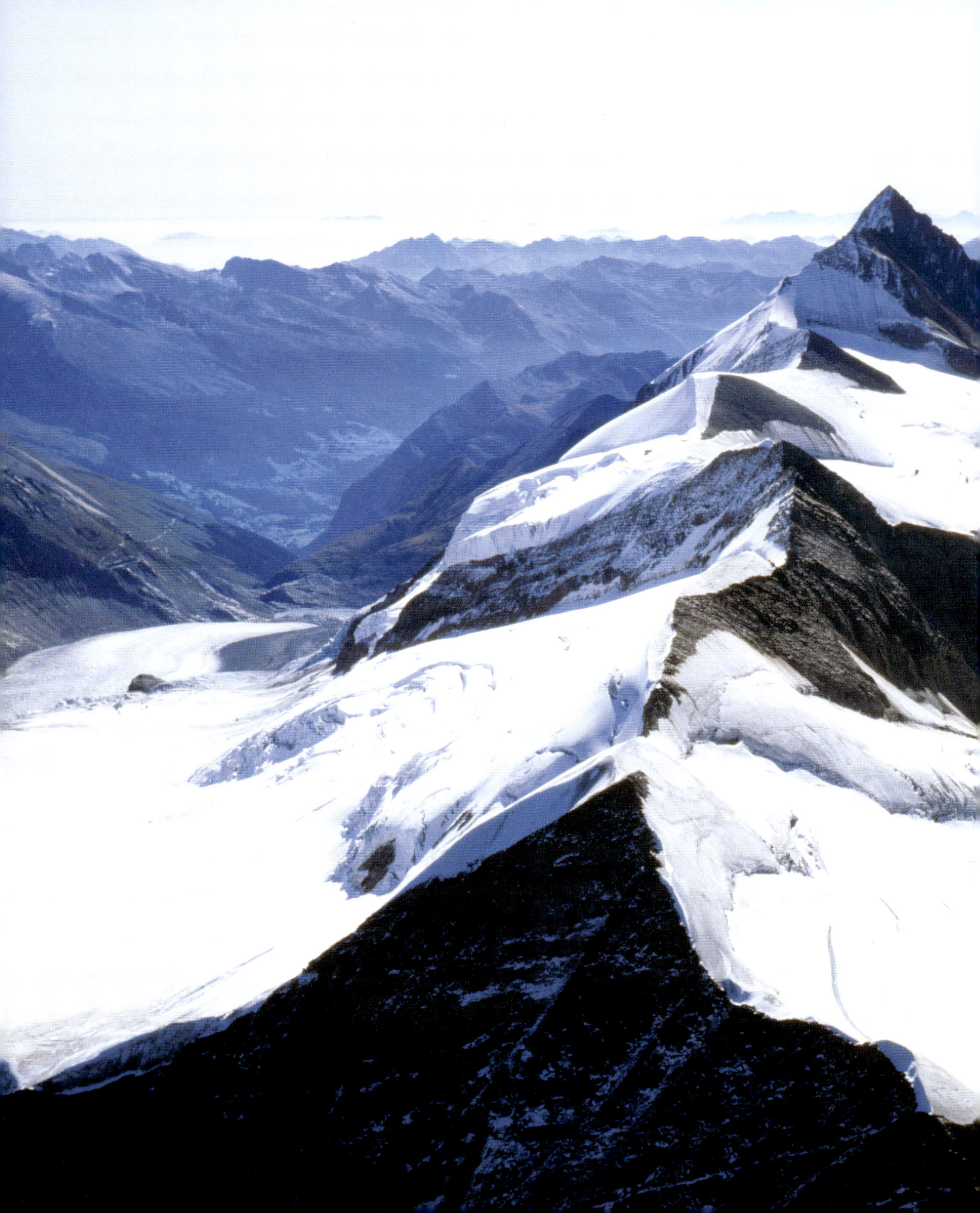

burg und seit 1992 in Osttirol existiert – im Jahr 2011 mit 1810 km² Fläche das größte Schutzgebiet der Alpen darstellt. Die Marke Nationalpark ist heute so attraktiv, dass weitere Gemeinden danach trachten, Teile ihrer Gemeindegebiete in den Park einzubringen. Der Nationalpark Hohe Tauern umfasst drei Schutzkategorien, die sich nach der Intensität der darin erlaubten Nutzungen unterscheiden. Seit 1986 unterliegen die Pasterze und die Gamsgrube der strengsten Kategorie und bilden zwei „Sonderschutzgebiete". Für die Gamsgrube gilt sogar ein Betretungsverbot abseits des Wanderweges, damit dieses einzigartige Ökosystem aus Sandablagerungen und hochalpinen Pflanzen, um dessen Erhalt so lange gerungen worden war, nachhaltig geschützt wird.

Der Dreiländerberg im Nationalpark, das Eiskögele (3.426 m, wo Kärnten (links), Tirol (rechts), und Salzburg (vorne, die schwarze Spitze) aneinander grenzen. Dahinter der Glocknergipfel (17. September 1982).

Der Gletscherweg Pasterze, ein Projekt für Bildung zur nachhaltigen Entwicklung

Nach der Errichtung des Nationalparks Hohe Tauern in Kärnten ließen „Initiativen zur nationalparkkonformen inhaltlichen Ausgestaltung dieses Schutzgebietes"[57] nicht lange auf sich warten. Wieder einmal war die Pasterze die „Bühne" für eines der ersten Projekte, welches von einem der entscheidenden Promotoren der Nationalparkidee, dem Oesterreichischen Alpenverein, getragen wurde. Es war dies die Errichtung des Gletscherweges Pasterze, der ausgehend vom Glocknerhaus – großteils auf bereits bestehenden Wegen (also mit minima-

[57] M. Rauscher in Haßlacher, P. (Red.), 1983: Gletscherweg Pasterze. – Naturkundlicher Führer zum Nationalpark Hohe Tauern 2, Innsbruck, 60 S.

Der Gletscherweg Pasterze bietet eine faszinierende Fülle an Landschaftseindrücken. Ein Gletschertopf nahe dem Sandersee kündet von der Erosionsleistung des Schmelzwassers unter dem Gletscher.

58 Haßlacher, P. (Red.), 1983, a.a.O.

len zusätzlichen Eingriffen in die Natur) – durch das Vorfeld der Pasterze bis auf die Franz-Josefs-Höhe führte. Auf dieser Wanderstrecke wurde auch auf die Anbringung von Informationstafeln verzichtet, um die Landschaft nicht auch dadurch zu „verschandeln" – ein innovativer Ansatz, entsprachen doch zur damaligen Zeit „Schilderpfade" den üblichen Gestaltungsrichtlinien. Stattdessen wurden vom Alpenverein ein naturkundlicher Führer herausgegeben[58] und bald geführte Touren seitens des Nationalparks angeboten.

Anfang der 2000er-Jahre war der Weg schon ziemlich in die Jahre gekommen, mancher der Haltepunkte nicht mehr im Gelände zu erkennen und die erste Auflage des Führers bis auf ein paar Restexemplare vergriffen. So entschieden sich Nationalpark und Alpenverein zu einer Erneuerung von Weg und Führer, womit die Autoren des vorliegenden Buches beauftragt wurden. Aus Naturschutzgründen wurde die Routenführung nicht verändert (sieht man davon ab, dass der Wegverlauf am sich stark zurückziehenden Gletscherende immer wieder verlängert werden musste und muss), wohl aber das didaktische Konzept. Auf der Grundlage einer klaren Erlebnisinszenierung trägt es den Prinzipien der Bildung für nachhaltige Entwicklung Rechnung.[59] Nach wie vor führt der Weg durch eine grandiose Naturlandschaft, bietet aber auch ausreichend Einblicke in die Verletzungen, die dieser durch energiewirtschaftliche und touristische Eingriffe zugefügt wurden. Alles in allem handelt es sich um eine der wohl beeindruckendsten Halbtags-Bergwanderungen im gesamten Nationalpark Hohe Tauern. Um die Pasterze noch genauer kennenzulernen, empfiehlt sich die Begehung des Gletscherweges Pasterze.

Wer es etwas bequemer möchte, findet im Nahbereich der Pasterze einen weiteren Themenweg, der die Dynamik des Gletschers in unterschiedlichen Zusammenhängen erläutert. Es ist dies der Gamsgrubenweg, dessen ursprüngliche Anlage, wie schon geschildert, bereits auf das Jahr 1935 zurückgeht. Sein oberer (westlicher) Abschnitt wurde 1989 mit Informationstafeln ausgestattet, sein unterer,

Der Gamsgrubenweg hält ein Aussichterlebnis der Extraklasse bereit und ist dennoch bequem und bei Schönwetter gefahrlos begehbar. Blick zum Großglockner.

[59] Lieb, G. K.; Slupetzky H., 2004: Gletscherweg Pasterze. – Naturkundlicher Führer zum Nationalpark Hohe Tauern 2, 2. Aufl., Innsbruck, 122 S.

Blick auf Mittleren und Hohen Burgstall mit der Oberwalderhütte sowie die Ufermoräne des Wasserfallwinkelkeeses (rechts), deren Entstehung vor Ort durch eine Informationstafel erklärt wird.

nunmehr durch sechs Tunnels geführter Abschnitt 2003 mit Ton- und Lichtinstallationen zur Sagenwelt im Umkreis der Pasterze attraktiver gestaltet. Dieser bequeme Wanderweg bietet stets wechselnde, atemberaubende Blicke auf die Pasterze sowie den Großglockner und durchquert auch die Gamsgrube.

Große Projekte der Gletscherforschung und Gedanken zum „Fehlen" der Frauen an der Pasterze

Im Jahr 1969 brachte der Alpenverein in der Reihe „Wissenschaftliche Alpenvereinshefte" einen Sammelband mit dem Titel „Neue Forschungen im Umkreis der Glocknergruppe" heraus. Das 321 Seiten umfassende Werk, für das der bis heute in Fachkreisen weltweit bekannte Geograf Julius Büdel als einer der Schriftleiter fungierte, vereint 17 Artikel namhafter Forscher, unter anderen von Hanns Tollner und Helmut Friedel. Die meisten Beiträge nehmen auch Bezug auf die Pasterze, fünf sind speziell dem Gletscher oder dem Gletschervorfeld gewidmet. Damit bestätigt sich die Erwartung, dass die Pasterze als Objekt der Forschung und Bühne wissenschaftlichen Handelns gegenüber früheren Zeiten nichts von ihrer Bedeutung verloren hatte. Ganz im Gegenteil, dieses Werk regte dadurch, dass es den Wissensstand seiner Zeit in gut überschaubarer Weise – und somit auch die Wissensdefizite – dokumentierte, zu weiteren Forschungen an. Ein Beispiel hierfür sind die umfangreichen Forschungen im Rahmen des MaB-Programms[60], eines frühen Beispiels international koordinierter, fächerübergreifender Forschung. Von 1973 bis 1984 fanden in der Nähe der Pasterze, schwerpunktmäßig entlang der Glocknerstraße, zahlreiche Untersuchungen mit ökologischen Schwerpunkten statt, in deren Mittelpunkt erstmals die systematische Beantwortung der Frage nach den Interaktionen zwischen dem Menschen und der hochalpinen Umwelt stand.

Bevor wir beispielhaft den Blick auf einige Forschungsschwerpunkte werfen, sei in einem kurzen Exkurs auf einen Aspekt hingewiesen, der aufmerksamen Leserinnen und Lesern wohl nicht entgangen ist: das Fehlen weiblicher Beteiligung. Bei den vorhin erwähnten Forschern wurde keineswegs auf die geschlechtsneutrale Formulierung vergessen, nein, es kam in diesem Buch tatsächlich keine Frau zu Wort – auch in dem ansonsten recht beachtlichen Literaturverzeichnis dürfte man die Frauen an den Fingern einer Hand abzählen können – unter den mehrfach zitierten Personen ist die Salzburger Geomorphologin Therese Pippan die einzige Frau! Bei der bergsteigerischen Erschließung der Glocknergruppe sieht es kaum besser aus: Abgesehen vom Geschichtchen über Sidonia Schmidl, der 1857 die Eifersucht ihrer Führer den Weiterweg vom Klein- auf den Großglockner und somit den Ruhm der ersten Frau auf dem Gipfel vereitelte[61], ist wenig über die Leistungen von Frauen bekannt. Und dies, obwohl sie Männern schon in der Pionierzeit in keiner Weise nachstanden, wie die nüchterne Auflistung bei End[62] zeigt. Demnach war 1869 die erste Frau auf dem Großglockner, die Quellen scheinen sich jedoch nicht einig zu sein, ob dies Mary Whitehead, die den Großglockner über den Stüdlgrat erstiegen haben soll, oder Anna von Frey war.

Man könnte an dieser Stelle diskutieren, ob es die generell benachteiligte Stellung von Frauen in der Gesellschaft oder die gezielte Ausgrenzung von Frauen aus männlich dominierten Zirkeln elitärer Alpinisten – und Forscher – oder beides war, was die Geschichte der Pasterze (und der gesamten Alpen) so einseitig männlich

60 „MaB" steht für „Men and Biosphere".

61 Hutter, C. M.; Rainer, G., 1992: Großglockner. – Pinguin-Verlag, Innsbruck, 88 S. hier: S. 15.

62 End, W., 2003, a.a.O., hier: S. 60.

Liselotte Buchenauer
(1922–2003)
Bergsteigerin, Journalistin, Autorin zahlreicher Bergbücher und Beiträge in Alpinzeitschriften, lebte in Graz

„Das seltsame Gestein – ein Kalkglimmerschiefer in Verwitterung, im Volksmund Bratschen genannt – entzückt mich sofort. Wo die vielfach gefältelten Schichten ganz dicht aneinander liegen, greifen sie sich wie Samt an. Braunsamtige Bratschen! Dass sie durch den Wind entstehen sollen, der Sand und Steine wie mit einem Gebläse gegen den Fels wirft und ihn schleift und formt, macht sie mir noch interessanter. Ein ungewöhnliches Gestein!"[63]

63 Buchenauer, Lieselotte, 1980: Hohe Tauern Band I. Ein Bergbuch in vier Abschnitten. – Leykam-Verlag, Graz, Wien, S. 59.

64 Zuo, Z.; Oerlemans, J., 1997: Numerical modelling of the historic front variations and the future behaviour of the Pasterze glacier, Austria, – In: Annals of Glaciology 24, S. 234–241.

erscheinen lässt. Tatsache ist, dass sich dieses Ungleichgewicht der Rollen der Geschlechter gegen Ende des 20. Jahrhunderts ein wenig entschärfte, aber immer noch besteht. So sollen an dieser Stelle beispielhaft zumindest zwei Frauen erwähnt werden, die in der zweiten Hälfte des 20. Jahrhunderts bedeutende Leistungen im Hochgebirge vollbrachten.

■ Die erste von ihnen ist die Alpinschriftstellerin Liselotte Buchenauer, die in ihrem umfangreichen publizistischen und literarischen Werk immer wieder das Gebiet um Großglockner und Pasterze gewürdigt hat. Im beigegebenen Textbeispiel widmet sie sich – wie oft in ihren Publikationen – den landschaftlichen Schönheiten abseits der „großen" Bergziele und beschreibt Wesensmerkmale eines der beiden Charaktergesteine in der Umrahmung der Pasterze, des Kalkglimmerschiefers, woraus unter anderem der Fuscherkarkopf besteht.

■ Als zweite Frau sei stellvertretend für die Wissenschaft Inge Dirmhirn (1925–2008) genannt, die zwar nicht unmittelbar an der Pasterze arbeitete, sondern im Umfeld des nahen Observatoriums auf dem Hohen (Rauriser) Sonnblick (3106 m), das 2011 sein 125-jähriges Bestehen feierte. Ab 1950 führte sie dort Messungen zum Strahlungshaushalt durch, insbesondere um die Wirkung von sommerlichen Schneefällen zu untersuchen. Das hohe Rückstrahlungsvermögen der Schneedecke (Albedo) bewirkt eine erhebliche Verringerung der Eisabschmelzung, eine auch für das Verständnis der Dynamik der Pasterze fundamentale Erkenntnis. Dies war eine der Leistungen, mit denen sie sich in der Männerwelt durchsetzte und es bis zur Universitätsprofessorin brachte.

Die Forschung wird spätestens seit der Zwischenkriegszeit von vielen Fachrichtungen, also multidisziplinär, betrieben. In Bezug auf die Pasterze intensivierten sich seit den 1970er-Jahren die gletscherkundlichen Arbeiten und vertieften das Verständnis für die Dynamik der Pasterze und die an ihr ablaufenden Prozesse. So etwa wurden die Beziehung zwischen dem Gletscherverhalten und dem Witterungsverlauf, einzelne Komponenten der Gletscherbewegung, die Abschmelzung auf der Gletscherzunge und deren internes Abflusssystem, mit modernen Methoden untersucht. Erneut fanden geophysikalische Untersuchungen statt, zuerst noch mit Seismik, dem schon in der Zwischenkriegszeit verwendeten Verfahren, später – erstmals in den 1990er-Jahren durch eine Forschungsgruppe aus Innsbruck – mit Radartechnologie. Die Ablagerungen des Gletscherbaches, speziell im und um den Sandersee, gaben den Anlass für dessen exakte zahlenmäßige Erfassung. Manche dieser Aktivitäten wurden von der Energiewirtschaft in Auftrag gegeben oder von deren Mitarbeiterinnen und Mitarbeitern selbst durchgeführt, andere sind eher der Grundlagenforschung zuzuordnen.

Zur letzteren gehört auch die Erfassung der Folgen des Klimawandels an der Pasterze, die im Rahmen von mehreren großen Forschungsvorhaben der jüngeren Zeit erfolgte. Eines von diesen war das im Jahr 1994 durchgeführte internationale Projekt PASTEX, das die Erforschung der Beziehungen zwischen den atmosphärischen Bedingungen und dem Gletscherhaushalt zum Thema hatte, wobei erstmals seit Tollner auch wieder das Windfeld über dem Gletscher untersucht wurde. Aus den Ergebnissen des Projekts wurden auch Zukunftsszenarien für die Pasterze abgeleitet, aus denen hervorgeht, dass bis zum Jahr 2100 mit einem Rückzug der Pasterze um 2–5 km zu rechnen sei.[64] In den Beiträgen von Wolfgang Schöner, Andreas Kellerer-Pirklbauer, Kurt Nicolussi, Martin Geilhausen und Lothar Schrott kommen Forschungsgruppen zu Wort, die ausgewählte Ansätze, Methoden und Ergebnisse ihrer Arbeiten an der Pasterze selbst vorstellen. Diese überschreiten in der jüngsten Zeit sowohl in den Fragestellungen als auch in den methodischen Zugängen die Grenzen der traditionellen Fachgebiete, sind also interdisziplinär.

Der von L. Buchenauer in ihrem Text gelobte Kalkglimmerschiefer baut Berge mit eher großzügig geschwungenen Horizontlinien auf (im Bild oben das Sinabeleck über dem Freiwandkees), während der Grünschiefer (Prasinit) schroffe, vielfach gezackte und scharfe Gipfelformen wie den Großglockner schafft. Beide Gesteine gehören zur Gesteinseinheit des penninischen Tauernfensters.

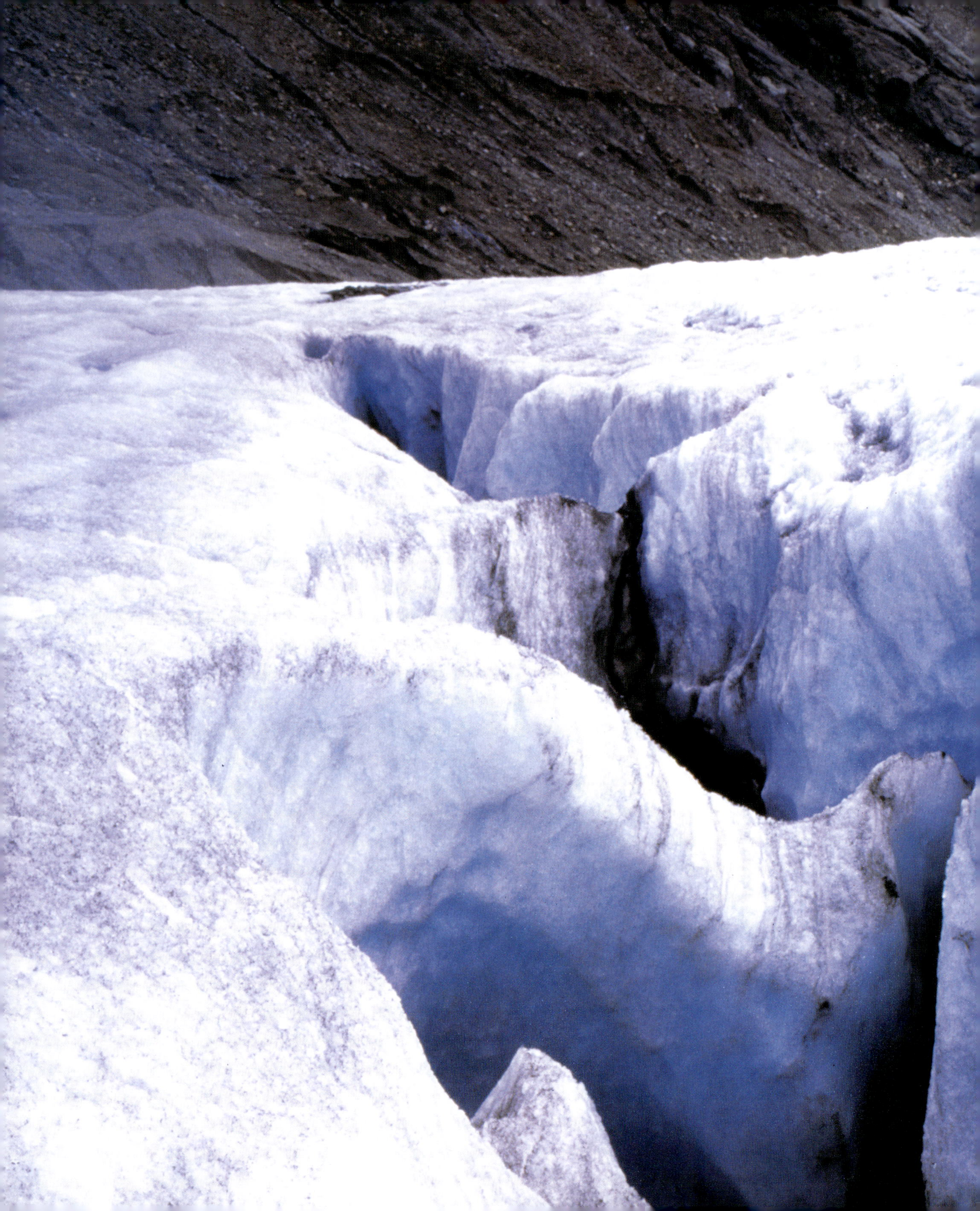

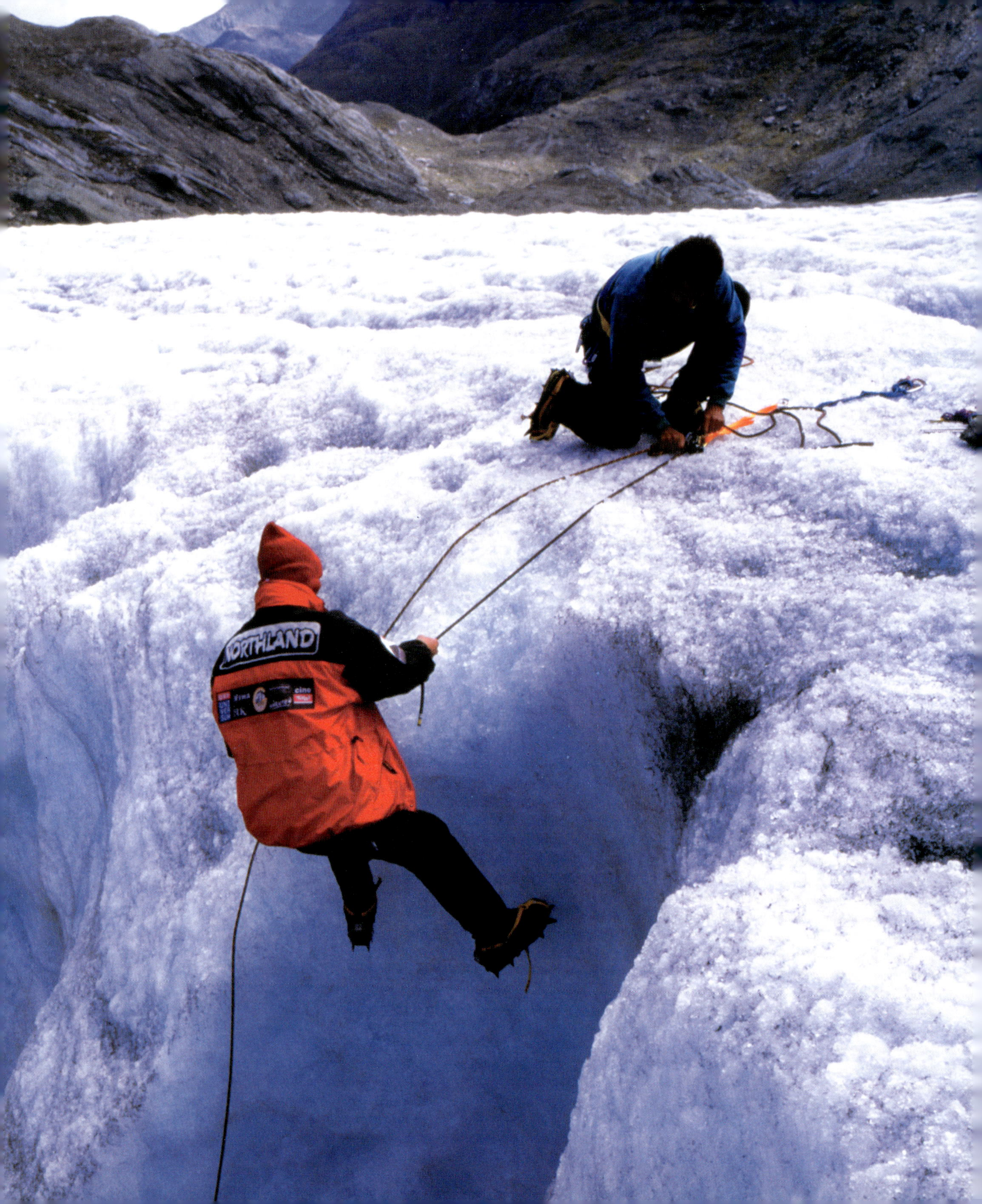
NORTHLAND

Die Massenbilanz der Pasterze: Vom Vergehen des ewigen Eises

Wolfgang Schöner

Seit 1994 Klimatologe an der Zentralanstalt für Meteorologie und Geodynamik in Wien mit dem Schwerpunkt auf die klimabedingten Veränderungen von Schnee und Gletscher in den Alpen und den Polargebieten; Leiter der Fachabteilung Klimafolgen, stellvertretender Leiter des Sonnblick Observatoriums und Vorsitzender der Österreichischen Gesellschaft für Polarforschung; seit 2004 Forschungsprojekte auf der Pasterze.

Im Vergleich zu anderen Naturphänomenen zeigen Gletscher als Folge von Klimaschwankungen sehr rasche Veränderungen. Diese Veränderungen können durch wiederholte Messung der Länge, der Fläche oder aber der Masse eines Gletschers erfasst werden. Nur die Massenänderung (Massenbilanz) beschreibt das Verhalten des Gletschers bei einer Klimaänderung unmittelbar, da alle anderen oben genannten Veränderungsgrößen auch von der Gletscherbewegung beeinflusst werden. So kann etwa ein Gletscher aufgrund einiger kühler Sommer an Masse gewinnen und sich gleichzeitig im Bereich der Gletscherzunge zurückziehen oder trotz mehrerer Jahre mit warmen Sommern und daher Massenverlust immer noch vorstoßen.

Der Begriff der Massenbilanz ist eigentlich leicht zu verstehen. Er bezeichnet die Veränderung der Gletschermasse innerhalb einer vorgegebenen Zeitperiode. Vergegenwärtigt man sich den jahreszeitlichen Verlauf der Witterung im Hochgebirge, kann man feststellen, dass sich meist ab dem Herbst eine geschlossene Schneedecke bildet, die dann bis ins späte Frühjahr weiter anwächst. Im Frühsommer beginnt die Schneedecke rasch zu schmelzen und verringert sich dann bis in den Herbst hinein, wenn sich wieder eine neue Schneedecke bildet und der nächste Zyklus beginnt. Ist die Schneedecke auf dem Gletscher geschmolzen (man bezeichnet das Schneefreiwerden des Geländes als „Ausaperung"), dann schmilzt danach auch das darunter befindliche, nun blanke Eis. Damit sind die wesentlichen Größen der Massenbilanz schon umschrieben. In der Fachsprache der Gletscherforschung heißt der Schneedeckenzuwachs und damit Massengewinn „Akkumulation", die Schnee- und Eisschmelze und damit der Massenverlust „Ablation". Wie oben beschrieben, akkumulieren die Alpengletscher vorwiegend zwischen Oktober und April während die Ablation vorwiegend zwischen Mai und September stattfindet. Um nun auf die Massenbilanz zu kommen, wird buchhalterisch vorgegangen, also der Gewinn (Akkumulation) mit den Verlusten (Ablation) am Ende des „Bilanzjahres" gegengerechnet. Ist der Gewinn kleiner als der Verlust, bilanziert der Gletscher negativ und verliert an Masse oder umgekehrt.

Während jedoch die Finanzbuchhaltung im Büro die Bilanzen erstellt, müssen die Gletscherforscherinnen und Gletscherforscher, wohl auch zu ihrer Freude, ins Gelände zu ihrem Forschungsobjekt gehen. Es ist eine oft recht anstrengende Arbeit, die nur ein ganzes Team bewältigen kann.

Abbildung 1

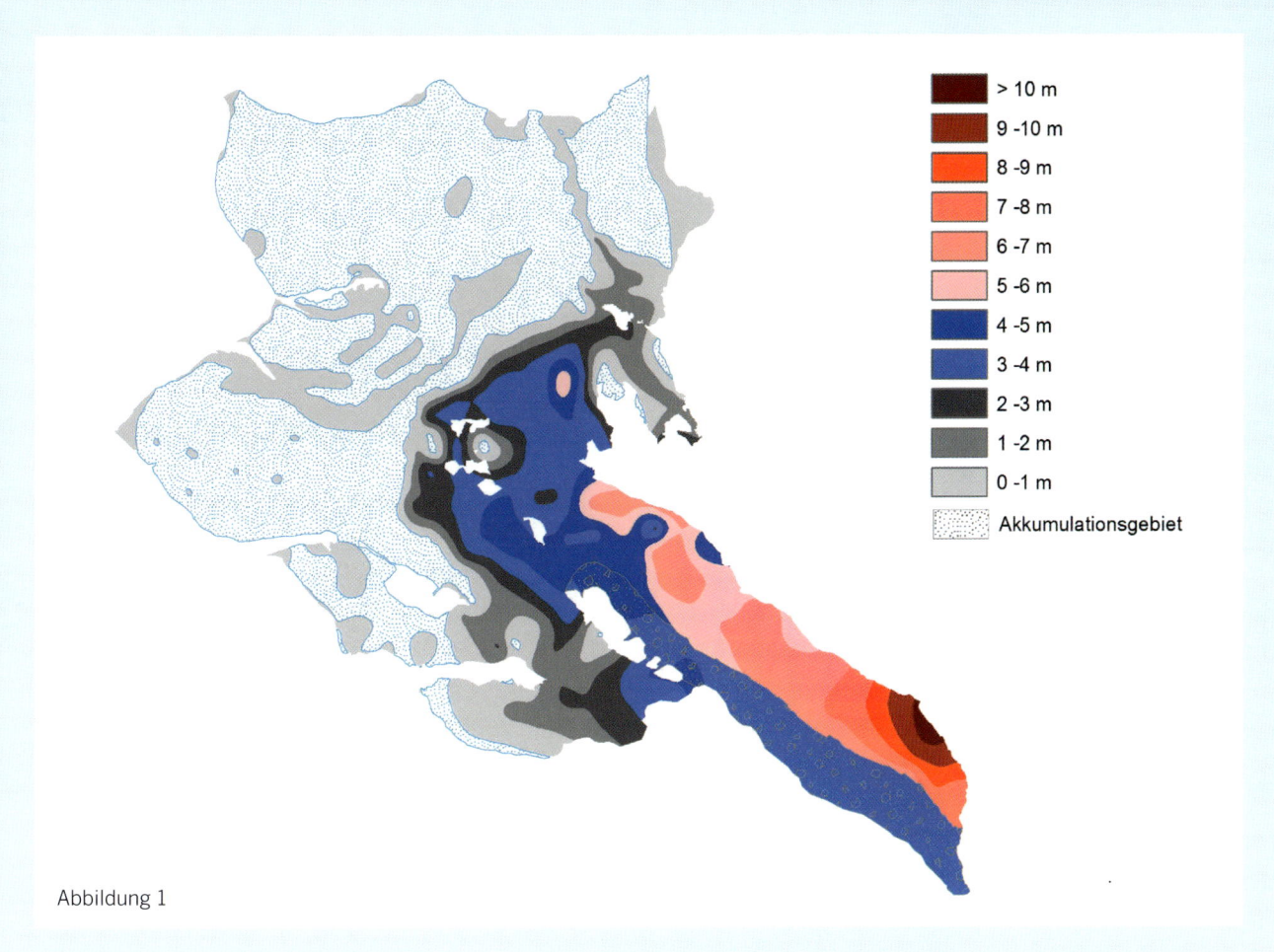

Nicht alles kann man heute mit modernen Techniken von Satelliten aus erforschen, „Ground control", Bodenbeobachtung, ist unerlässlich.

Sowohl die Akkumulation als auch die Ablation werden zum Ende des Bilanzjahres durch Feldmessungen erfasst, wozu diese Größen an möglichst vielen Punkten des Gletschers zu messen und dann für die gesamte Gletscherfläche zu schätzen sind. Für eine hinreichend gute Schätzung oder Extrapolation über die gemessenen Bereiche hinaus sind die alljährlich sehr ähnlichen (Ausaperungs-)Muster der Abschmelzung und jene der Rücklagen eine große Hilfe.

Abbildung 1 zeigt typische Abschmelzbeträge der Pasterze unter derzeitigen Klimabedingungen. Die Schnee- und Eisschmelze sind deutlich größer als der Massenzuwachs im Winter. Die Pasterze verliert daher derzeit jedes Jahr an Masse, über den ganzen Gletscher gleichmäßig verteilt gedacht rund 1200 kg/m² (das ist gleichbedeutend mit einem mittleren Eisverlust von 1,3 m). Für die gesamte Pasterze

Eisverlust an der Pasterze am Beispiel des Haushaltsjahres 2008/2009. Die Verluste im Ablationsgebiet waren deutlich größer als der Zuwachs im Akkumulationsgebiet, was einen Massenverlust von 1120 kg/m² zur Folge hatte.

Abbildung 2

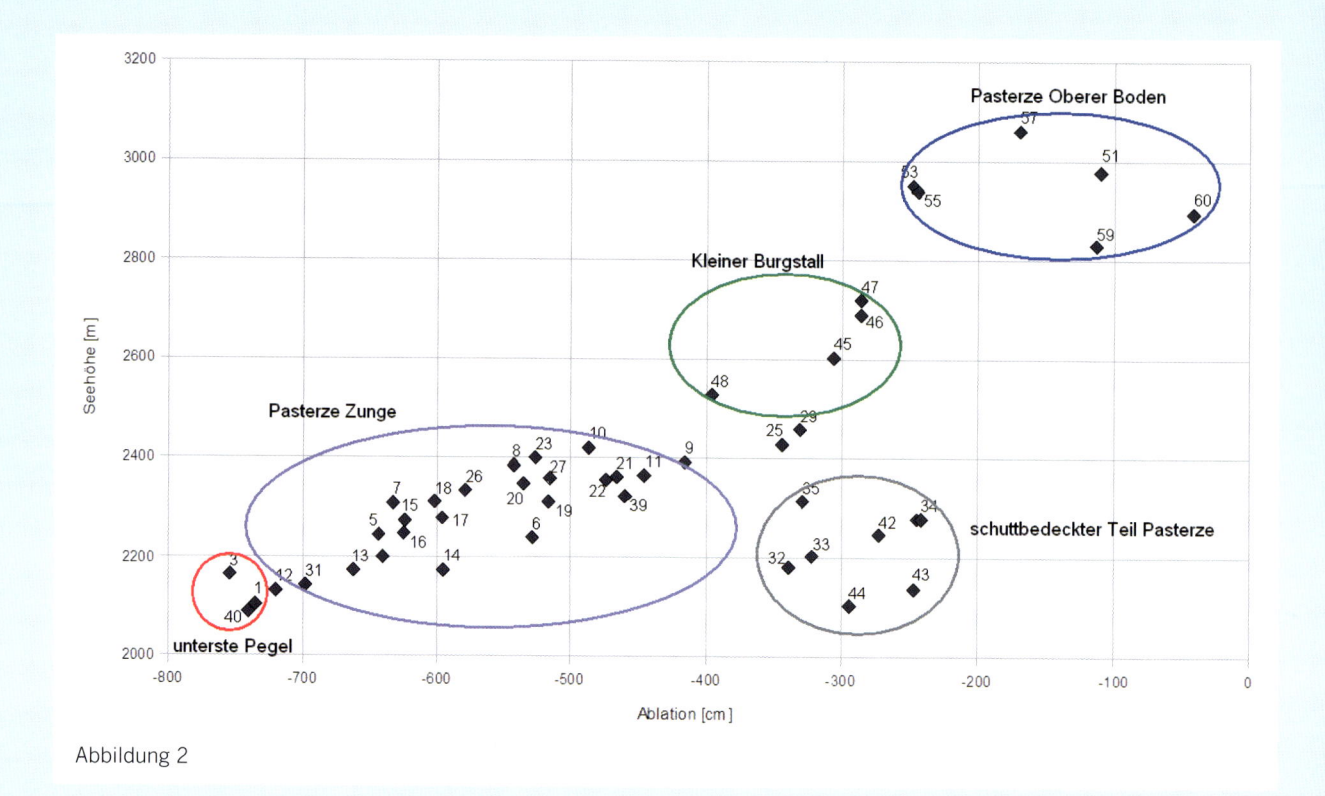

Messwerte der Eisabschmelzung an der Pasterze im Haushaltsjahr 2008/2009 in Abhängigkeit von der Seehöhe. Sehr deutlich zu erkennen ist die schmelzmindernde Wirkung der Schuttdecke für den unteren Teil der Pasterze.

a Siehe Beitrag von Andreas Kellerer-Pirklbauer.

steht derzeit einem Nettozuwachs von circa 4 Millionen Tonnen ein Nettoverlust von circa 25 Millionen Tonnen pro Jahr gegenüber, das bedeutet eine negative jährliche Nettobilanz von 21 Millionen Tonnen.

Abbildung 2 zeigt, dass die Abschmelzung sehr stark von der Seehöhe abhängig ist und nach oben hin abnimmt. Das ist verständlich, wenn man sich vergegenwärtigt, dass die Lufttemperatur ein gutes Maß der zur Verfügung stehenden Schmelzenergie darstellt, und diese linear mit der Seehöhe abnimmt. In jener Höhenlage, in der die Abschmelzung Null ist, liegt die sogenannte Gleichgewichtslinie. Sie trennt die Flächen mit Akkumulation von denen mit Ablation. Diese Linie ist eine sehr gute Maßzahl, um den Zustand eines Gletschers und seine Anpassung an das Klima oder den Grad der Abweichung davon zu beschreiben. Noch eine interessante Eigenschaft der Pasterze zeigt Abbildung 2. Der von der Franz-Josefs-Höhe deutlich erkennbare schuttbedeckte Teil der Pasterze weist wesentlich geringere Abschmelzbeträge auf als die Eisbereiche ohne Schuttauflage in selber Seehöhe. Dies ist durch die Schuttdecke zu erklären. Sie vermindert die Abschmelzung, wodurch diese Teile der Pasterze im unteren Bereich bereits rund 50 m höher liegen als die benachbarten schuttfreien, blanken Eisflächen.[a]

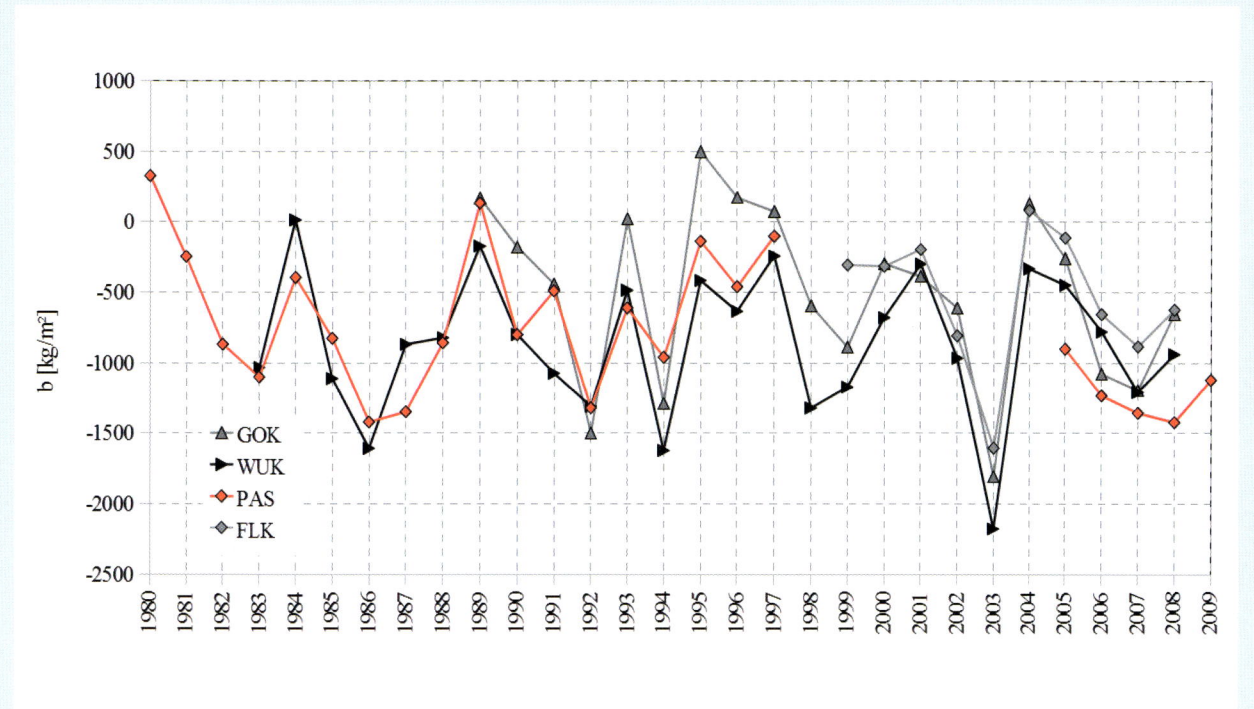

Abbildung 3

Betrachtet man die Massenbilanzen der Pasterze über einen längeren Zeitraum, wie zum Beispiel in den letzten 100 Jahren, dann sieht man, dass der große Gletscher sich seit langer Zeit nicht mehr im Gleichgewicht mit dem Klima befindet und vorwiegend an Masse verliert. Dieser Trend wird sich auch in Zukunft fortsetzen und zum Abreißen des Gletschers im Bereich des Hufeisenbruches führen, wodurch sich der Rückzug der Pasterze noch verstärken wird. Gleichzeitig wird die Schuttbedeckung auf der Gletscherzunge weiter anwachsen, was aber die Folgen der Klimazukunft nur wenig mindern wird. In Summe wird bei einer Fortdauer der Klimaänderung in einem Ausmaß wie in den vergangenen Jahrzehnten die Pasterze weiter deutlich schwinden.

Zeitreihen der Massenbilanz der Pasterze (PAS) im Vergleich zu den Gletschern Goldbergkees (GOK), Wurtenkees (WUK) und Kleinfleißkees (FLK) im Bereich des Rauriser Sonnblicks. Die Pasterze weist derzeit einen jährlichen durchschnittlichen Massenverlust von etwa 1200 kg/m² auf, das bedeutet einen mittleren Dickenverlust von 1,3 m pro Jahr (Daten bis 1997 wurden durch die Tauernkraft/VERBUND bestimmt, Daten ab 2005 von der Zentralanstalt für Meteorologie und Geodynamik gemessen).

Unten und rechts: Hufeisenbruch. Hier fließt das Eis aus dem Nährgebiet konzentrisch zusammen und über eine verborgene Steilstufe. Der große Massenverlust auch im Nährgebiet lässt die Felsen eisfrei werden. (Slupetzky, 6. September 1999).

Der Gletscherschwund verändert die Landschaft und das gewachsene Wege- und Routennetz

Seit dem Ende der gletschergünstigen Phase zu Beginn der 1980er-Jahre stellte sich an allen Gletschern der Alpen und somit auch an der Pasterze ein mit den Jahren an Dynamik gewinnender, bis heute ungebrochener Gletscherschwund ein. Dieser, sowohl durch die alljährlichen Gletschermessungen in seinem Ausmaß erfasste als auch durch die erwähnten Forschungsprojekte in verschiedenen Facetten beleuchtete, Rückgang des Eises führte und führt zu immer deutlicher werdenden Veränderungen im Landschaftsbild. Das ist schon bei bloßer Betrachtung des Gletschers erkennbar: Während früher ein Besucher erst nach einigen Jahrzehnten bei einem Wiederholungsbesuch die

Veränderungen der Pasterzenzunge deutlich erkannte, genügt heute weniger als ein Jahrzehnt, um mit Erstaunen den raschen Gletscherschwund festzustellen.

Hierfür ist auch der Hufeisenbruch ein gutes Beispiel, wie die Fotoserie (auf diesen beiden und der nächsten Seite) veranschaulicht. Über die Steilstufe, die sich zwischen den beiden Felsgipfeln des Kleinen und des Mittleren Burgstalls erstreckt, schiebt sich das Eis aus den hoch gelegenen Nährgebieten des Gletschers hinab und wird dabei in spektakuläre Spalten zerrissen. Da sich wegen der zum Normalfall gewordenen negativen Massenbilanzen auf den plateau- oder muldenförmigen Flächen des Riffel- und Schneewinkels (Oberster Pasterzenboden) weniger Schnee ansammelt, wird der Eisnachschub immer geringer. Dies hat dazu geführt, dass erstmals 1984 ein aperer Felsbereich im Hufeisenbruch sichtbar wurde. Von diesen Aperstellen sind seit damals zahlreiche weitere entstanden, die sich laufend vergrößern. Dadurch wird sichtbar, dass immer weniger Eis der Gletscherzunge zugeführt wird, was zusammen mit der dort hohen Abschmelzung zu großem Massenverlust und dazu führt, dass die Gletscherzunge immer dünner wird.

Ein anderer Bereich, worin sich besonders augenscheinliche Veränderungen ereignet haben, ist der Sandersee und dessen unmittelbare Nachbarschaft. Wie schon erwähnt, entstand dieser See durch das Zurückschmelzen der Gletscherzunge ab 1958. Gegen Ende der 1970er-Jahre hatte er seine maximale Ausdehnung mit 12,2 Hektar Fläche erreicht. Das Seebecken bildete in der Anfangszeit eine natürliche „Falle" für die vom Gletscherbach mitgeführten Gesteinsmaterialien (Sedimente) – speziell die feine Schwebstofffracht, die das Gletscherwasser trüb erscheinen lässt („Gletschermilch"): Dieses Feinmaterial setzte sich (zunächst) im Sandersee und nicht im darunter liegenden Margaritzen-Stausee ab. Um diesen Rückhalt der Sedimente länger zu gewährleisten, wurde der Sandersee auch künstlich höher gestaut. Inzwischen ist das Seebecken vollständig aufgefüllt, der See also verlandet, weshalb er kaum noch Sedimente zurückhalten kann.

Dies führte ab den späten 1980er-Jahren zu einer verstärkten Sedimentation im Margaritzensee. Von der

Hufeisenbruch im Jahr 1992.

Die Bilder vom Hufeisenbruch der Pasterze (vgl. auch vorhergehende Seite) machen deutlich, wie rasch die Felsinseln im Eisstrom größer werden. Solche Vergleichsfotos werden bei den jährlichen Gletschermessungen aufgenommen; oben 2005, unten 2010.

Das Glocknerkees, das sich am Nordfuß des Großglockners erstreckt, reicht seit 2009 nicht mehr bis zur Pasterze – die Eisverbindung ist wegen der anhaltend gletscherungünstigen Verhältnisse abgerissen; links 2007, rechts 2010.

Wasserrechtsbehörde wurde daraufhin vorgeschrieben, dass die wasserseitigen Steuerungseinrichtungen frei zu halten sind, um die Sicherheit und Funktionstüchtigkeit zu gewährleisten. Eine „Spülung" des Stausees 1995 war aus verschiedenen Gründen keine optimale Lösung. Vom Kraftwerksbetreiber wurden mehrere Varianten geprüft, darunter auch eine weitere Erhöhung des Dammes beim Sandersee, der Alpenverein als Grundbesitzer lehnte diese Lösung jedoch ab. Nunmehr werden ab 2011 die Sedimente aus dem Stausee über die bestehende Möllüberleitung zum Speicher Wasserfallboden in Kaprun geleitet.

Aber nicht nur die Bereiche, worin der Gletscherbach seine Sedimente aufschüttet und immer wieder umlagert (also das Gebiet zwischen dem zurückweichenden Gletscherende und dem Sandersee-Becken), sind von starker Umgestaltung des Landschaftsbildes betroffen, sondern auch die Felswände und Schutthänge beiderseits des Gletschers. An ihnen laufen vermehrt Sturzprozesse und andere Abtragungsvorgänge (wie Steinschlag, Felsstürze) ab. Durch das Absinken der Gletscheroberfläche und dem damit verbundenen Tiefwandern des Hangfußes sind die relativen Höhenunterschiede größer geworden. So etwa überragte der Großglockner den Mittelteil der Pasterzenzunge in der Mitte des 19. Jahrhunderts um rund 1400, heute hingegen um 1650 m. Allein schon deshalb haben die Abtragungsprozesse an Intensität zugenommen. Hinzu kommen noch zwei Effekte, die sich ungünstig auf die Stabilität besonders von Felswänden und -graten auswirken (siehe Seite 130).

Der Sandersee an der Pasterze – vom Werden und Vergehen eines Gletschersees

Martin Geilhausen

Martin Geilhausen ist Diplom-Geograf und seit September 2008 Doktorand in der Arbeitsgruppe „Geomorphologie und Umweltsysteme" an der Universität Salzburg. Er forscht seit 2006 im Einzugsgebiet der Pasterze, zunächst als Diplomand. Gegenwärtig arbeitet er an seiner Dissertation zum Sedimenthaushalt in den Gletschervorfeldern von Pasterze und Obersulzbachkees.

a Benn, D.I. & Evans, D.J.A., 1998: Glaciers & Glaciation. – Hodder Arnold Publication. London.

b Krainer, K.; Poscher, G., 1992: Sedimentologische Beobachtungen im Gletschervorfeld der Pasterze (Glocknergruppe, Hohe Tauern). Carinthia II, 182/102, 317–343.

In den letzten 50 Jahren kam es an der Pasterze zu großen Veränderungen am Sander(see). Er ist heute kein See mehr, sondern längst verlandet. Welche geomorphologischen Prozesse waren an der Entstehung und an der Verlandung des Sees beteiligt? Welche Prozesse wirken heute noch?

Was ist ein Sander?

Der Begriff „Sander" leitet sich vom isländischen Wort „Sandur" ab und beschreibt eine oftmals fächerähnliche Ablagerung von Sanden, Kiesen (gerundete Gesteinskörner) sowie Grus (eckige Gesteinskörner) im Anschluss an einen Gletscher im sogenannten Gletschervorfeld. Diese Fläche ist häufig von verzweigten Schmelzwasserrinnen durchzogen, deren Lage sich rasch verändern kann.[a] Die vom Schmelzwasser mitgeführte Sedimentfracht wird auf dem Sander unterschiedlich weit transportiert und es kommt dadurch zu einer typischen Sortierung, einer Trennung des Materials in verschiedene (Korn-)Größen. Unmittelbar vor dem Gletscher werden die gröberen Anteile der Sedimentfracht, die Gruse und Kiese, abgelagert. Mit zunehmender Entfernung kommen dann auch die feineren Komponenten zu Ablagerung: zuerst die noch relativ groben Sande, dann die Schluffe und schließlich die ganz feinen Tone in den äußersten Randbereichen des Sanders.

Sander sind charakteristische, großflächige Geländeformen im Vorland großer Gletscher (zum Beispiel in Island) und sind auch vor jedem Eiszeitgletscher entstanden. Aktuell bilden sie sich aber auch in alpinen Regionen im Vorfeld der heutigen (kleineren) Gletscher.

Wie entstand der Sander „see"?

Die Bildung des Sandersees ist an die Veränderungen der Pasterze gebunden. Anfang der 1950er-Jahre bedeckte die Pasterze nur noch den linken Teil des Elisabethfelsens (Abbildung oben links), dann verlagerte sich die Gletscherstirn etwa ab 1958 von der Möllschlucht weg. Dies kann als die Geburtsstunde des Sandersees betrachtet werden. Durch das weitere Zurückschmelzen der Pasterze wurde ein natürliches Becken, das damit zu einer „Sedimentfalle" wurde, freigelegt. Darin wurden neben Moränenmaterial zunächst auch die gesamte von dem Schmelzwasser der Pasterze angelieferte Feststofffracht (Sande und Kiese) und ein beträchtlicher Teil feinerer Schwebstoffe abgelagert.[b] Anfang der 1960er-Jahre hat sich bereits eine kleine, unmittelbar an die Pasterze anschließende Sanderfläche gebildet (Abbildung auf der nächsten Seite, oben links). Das Becken wurde durch das anhaltende Zurückschmelzen der Pasterze in den 1960er- und 1970er-Jahren stetig größer. Ab den 1960er-Jahren wurde der dahinter angrenzende markante Felsriegel eisfrei, der heute noch die talaufwärtige Begrenzung des Sanders bildet. Auf den Luftbildaufnahmen der 1970er-Jahre ist deutlich ein proglazialer, das heißt dem Gletscher vorgelagerter, See, der Sandersee, zu erkennen (Abbildung Mitte). In den ersten knapp 20 Jahren seiner Entstehung ist die Fläche des Sandersees immer größer geworden, obgleich schon zu dieser Zeit durch Ablagerungen das Fassungsvermögen des Sees ständig reduziert wurde. Die Sedimente wurden sowohl direkt vom Hauptgletscherbach der Pasterze als auch durch einen von Nordwesten kommenden und in den See mündenden, seitlichen Gletscherbach, der bis 1976 aktiv war, als flacher Schwemmfächer aufgeschüttet (Abbildung Mitte links). Ende der 1970er-Jahre setzte sich die Gletscherstirn der Pasterze endgültig vom westlichen Ufer des Sees ab, der 1979 seine endgültige maximale Ausdehnung mit etwa 120.000 m² Fläche erreichte (Abbildung Mitte rechts).

Warum verändert sich der Sandersee?

Die stetige Sedimentablagerung hat über die Jahre zu einer vollständigen Auffüllung des Sees geführt (Abbildung unten rechts). Er ist faktisch weitgehend verlandet, der Name Sandersee blieb aber erhalten. Dabei wurde die Menge der Sedimente durch die stark schwankende Wasserführung des Gletscherbaches gesteuert. In Abhängigkeit von dem Abflussverhalten des Gletscherbaches mit typischen jahres- und tageszeitlichen Schwankungen des Abflusses wechselt die Transport- und Erosionskraft. Die Sedimentation erfolgt im Wesentlichen in den Sommermonaten bei hoher Wasserführung. Dabei kommt es beim Austritt des Baches von der Sanderfläche in die Möllschlucht zu einem Rückstau mit verlangsamter Fließgeschwindigkeit, sodass mehr als die Hälfte der angeführten Schwebstoffmenge auf der Sanderfläche abgelagert wird, der Rest gelangt in den tiefer gelegenen Margaritzenspeicher. Im Herbst, bei niedrigem Wasserspiegel, wird ein beträchtlicher Teil der im Sommer abgelagerten Sedimente wieder abgetragen und dem Margaritzenstausee zugeführt. In den 1990er-Jahren wurden jährlich rund 40.000 m³ Sedimente im gesamten Gletschervorfeld abgelagert.[c] Neben den natürlichen Prozessen hat auch der Mensch regulierend eingegriffen. Denn als die natürliche Sedimentsenke verfüllt war, fand keine nennenswerte Ablagerung mehr statt und sämtliche Schwebstoffe gelangten in den Margaritzenspeicher. Um der erhöhten Sedimentation entgegenzuwirken, wurde in den Jahren 1969 und 1982 der Ausfluss des Sanders durch Steinschlichtungen künstlich

Lothar Schrott

Lothar Schrott ist Professor für Geografie an der Universität Salzburg und Leiter der Arbeitsgruppe »Geomorphologie und Umweltsysteme«. Sein Forschungsinteresse ist die Hochgebirgsgeomorphologie mit Schwerpunkten im alpinen Sedimenthaushalt, im Hochgebirgspermafrost und in gravitativen Massenbewegungen. Seine Arbeitsgebiete liegen in den Alpen, den Anden und den Rocky Mountains.

[c] Ebd.

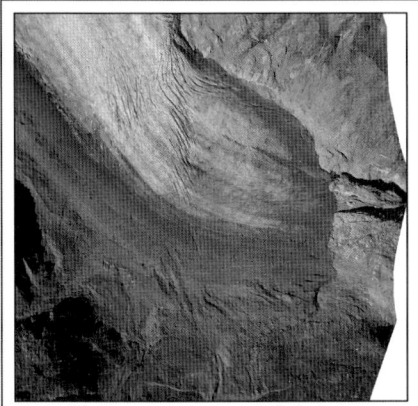

1953: Die Pasterze bedeckt noch Teile des Elisabethfelsens.

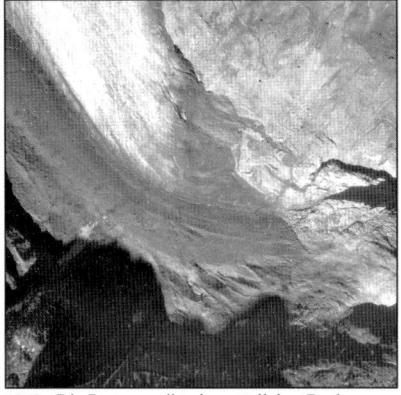

1962: Die Pasterze gibt ein natürliches Becken frei, eine kleine Sanderfläche bildet sich aus.

1974: Die Pasterze schmilzt weiter und gibt immer größere Bereiche des Becken frei. Der Sandersee ist deutlich zu erkennen.

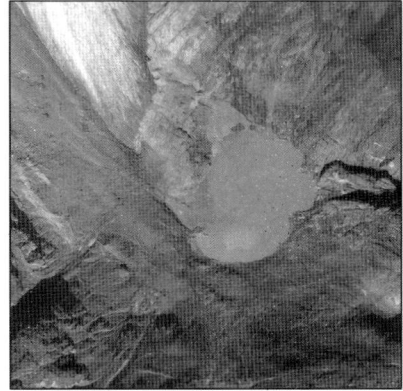

1979: Der Sandersee erreicht seine größte Ausdehnung, die Pasterze setzt sich vom See ab.

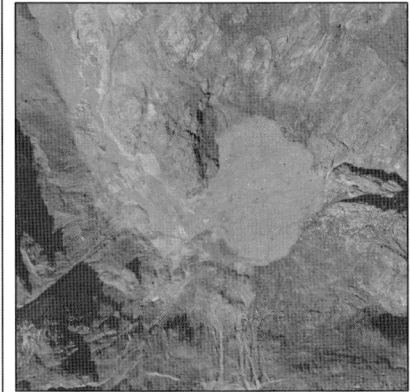

2009: Der Sandersee ist vollständig verlandet, die Pasterze bereits über 1000 m von der Sanderfläche entfernt.

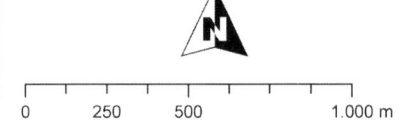

erhöht, um sein Fassungsvermögen zu vergrößern. Dieser menschliche Eingriff bewirkte eine Vergrößerung der Seefläche um etwa 10–15 Prozent[d], das damit verbundene erhöhte Speichervermögen des Sees war jedoch schnell erschöpft.

Der heutige Sander

Der verlandete Sandersee zeigt sich in seiner heutigen Gestalt als eine nahezu kreisrunde Sanderfläche mit äußerst geringem Gefälle (Abbildung unten links). Der Sander hat gegenwärtig einen Durchmesser von rund 400 m bei einer mit dem ehemaligen See identen Fläche (circa 120.000 m²). Er zeigt eine deutliche Abnahme der Korngröße von feinkiesig-sandig am Beginn des Sanders bis hin zu feinen Tonen am Ausfluss zur Möllschlucht. Der schuttfreie Eisrand der Pasterze ist heute bereits mehr als 1000 m von der Sanderfläche entfernt.

Die durchschnittliche Dicke der Sedimente (Tiefe des Sanders) sowie des im Norden angrenzenden Schwemmfächers beträgt 6,2 m, wie Radarmessungen ergeben haben. In diesen beiden Sedimentspeichern sind derzeit mehr als 785.000 m³ oder 1.570.000 Tonnen Lockermaterial gespeichert, das entspricht etwa 45.000 Lkw-Ladungen.[e] Im Jahr 2006 wurden etwa 50.000 Tonnen Schwebstoffe durch den Sander transportiert.[f]

Sichtbare geomorphologische Prozesse

Im gesamten Vorfeld der Pasterze sind gegenwärtig zwei verschiedene Sedimentationsräume anzutreffen. Im Bereich zwischen dem heutigen Pasterzenende und dem Sander findet sich unsortiertes und umgelagertes Moränenmaterial, welches von Schmelzwasserrinnen durchzogen ist, die im Übergangsbereich zum Sander ein kleines Delta aufgeschüttet haben. Meterhohe Geländeunterschiede werden ausgeglichen und damit die morphologisch „unruhige" Akkumulationsfläche mit der Zeit eingeebnet, es entsteht eine neue Sanderfläche und grobkörniges Material wird nun bereits hier abgelagert. Im Bereich des Sanders selbst dominieren nunmehr feine Sedimente.[g] An manchen Stellen im Gletschervorfeld sind kleine, kraterähnliche Senken im Sander zu sehen, sogenannte Toteislöcher. Diese entstehen, wenn Eiskörper von der Gletscherzunge abgetrennt und anschließend von Lockermaterial bedeckt werden. Die isolierende Wirkung der Sedimentauflage führt zu einem zeitlich verzögerten Abschmelzen des Toteiskörpers. Das Sediment sackt nach und nach in den langsam entstehenden Hohlraum. An seiner Stelle bildet sich zumeist ein kleiner See, der allmählich vom Gletscherbach mit Sedimenten gefüllt wird. Die Seen lenken den Blick auf sich, weil sie eine prachtvolle Türkisfarbe haben können, wenn sie isoliert und abseits vom grauen Gletscherbach liegen.

Die zukünftige Entwicklung

Die Radarmessungen von Gletscherforschern haben ergeben, dass sich unter der Zunge der Pasterze weitere Felsbecken befinden.[h] In nicht allzu ferner Zukunft werden daher weitere natürliche Becken (Sedimentfallen) freigelegt werden, in denen sich zunächst proglaziale Seen bilden, die ebenfalls aufgrund der starken Sedimentablagerung durch das Schmelzwasser mit der Zeit verlanden werden. Die hohe Formungsdynamik auf der heutigen Sanderfläche wird schließlich zunehmend geringer werden und der Bildung eines konsolidierten Talbodens mit einem dauerhaften Pflanzenkleid weichen.

Die vergangenen etwa 11.000 Jahre nach der Eiszeit waren durch ein Wechselspiel von Warm- und Kaltphasen gekennzeichnet. Ein zukünftiger Gletschervorstoß wird zumindest Teile des heutigen Sanders wieder ausräumen und bei einem nachfolgenden Rückzug wird sich die Entstehungsgeschichte der letzten sechs Dekaden in ähnlicher Weise wiederholen.

d Lieb, G.K.; Slupetzky, H., 2004: Gletscherweg Pasterze. – Naturkundlicher Führer zum Nationalpark Hohe Tauern (2. völlig neu bearb. Auflage), Innsbruck, 122 S.

e Geilhausen, M., 2007: Erkundung des oberflächennahen Untergrundes glazifluvialer und fluvialer Sedimentspeicher. Unveröffentlichte Diplomarbeit. Geographisches Institut. Rheinische Friedrich-Wilhelms-Universität Bonn. 163 S.

f Hartmeyer, I.; Prasicek, G.; Geilhausen, M.; Sass, O.; Schrott, L., 2007: A sediment budget of a sandur in the forefield of the Pasterze glacier (Hohe Tauern, Austria). Geophysical Research Abstracts, Vol. 9. und Hartmeyer, I., 2008: Zum Sedimenthaushalt des Sanders im Gletschervorfeld der Pasterze, Hohe Tauern, Österreich, Teil 1 von 2: Suspensions- und Lösungsfrachten, Sedimentein- und Sedimentausträge. Unveröffentlichte Diplomarbeit. Institut für Geographie und Regionalforschung. Universität Wien. 164 S.

g Prasicek, G., 2010: Zum Sedimenthaushalt des Sanders im Gletschervorfeld der Pasterze, Hohe Tauern, Österreich, Teil 2 von 2: Denudative Hangprozesse. Unveröffentlichte Diplomarbeit. Institut für Geographie und Regionalforschung. Universität Wien. 149 S.

h Span, N.; Fischer, A.; Kuhn, M.; Massimo, M.; Butschek, M., 2005: Radarmessungen der Eisdicke österreichischer Gletscher, Band I: Messungen 1995 bis 1998. Österreichische Beiträge zur Meteorologie und Geophysik, Heft 33, 146 S.

Toteisloch

Der schon fast vollständig verlandete Sandersee aus ungewöhnlicher Perspektive von Südwesten her – links oben die Franz-Josefs-Höhe, in der Bildmitte die Berggipfel Spielmann und Racherin, an deren Fuß das Glockner- und das Volkerthaus.

■ Der erste Effekt resultiert daraus, dass steile, vom Eis freigegebene Felspartien leicht abstürzen können, sobald sie nicht mehr vom Eis selbst abgestützt werden.

■ Der zweite beruht auf dem Rückgang des Permafrostes. Hierbei handelt es sich um Gesteinsmaterial, das ganzjährig (also auch den Sommer über) Temperaturen unter 0 °C aufweist. Dies bedeutet, dass darin enthaltenes Wasser als Eis vorliegt, welches wiederum – ähnlich wie Beton – Fels und Schutt festigen und zusammenhalten kann. Schmilzt dieses Eis als Folge der Erwärmung, können bei ausreichender Steilheit des Geländes Sturzprozesse die Folge sein.

Ein sehr eindringliches Beispiel für die Kombination dieser beiden Effekte als Ursache eines Felssturzes ereignete sich ab dem Frühsommer 2007 auf

Eisrand um 1850

Sandersee

dem Mittleren Burgstall (2933 m). Der vorangegangene Winter war so mild gewesen, dass bis in große Höhen das in den Felsklüften zirkulierende Wasser nicht gefror. Der Südostgrat des Mittleren Burgstalls, durch das Einsinken der beiderseitigen Gletscherzungen schon seit Längerem seiner seitlichen Abstützung beraubt, wurde dadurch so weit destabilisiert, dass sich noch vor Mitte Mai mindestens ein großer Felssturz ereignete. Dieser wiederum labilisierte andere Felspartien, sodass sich den ganzen Sommer über Felsstürze ereigneten, von denen einige sogar an der vier Kilometer entfernten Franz-Josefs-Höhe zu hören waren. Das Ergebnis kann geradezu als Zusammenbruch des ganzen Grates bewertet werden, wobei die Blöcke sowohl nach Südwesten auf die Gletscherzunge der Pasterze als auch nach Osten auf die Gletscherzunge zwischen dem Mittleren und Hohen

Der Sandersee im Tiefblick von der Franz-Josefs-Höhe. An den Hängen oberhalb des ehemaligen Sees ist die Höhe der Gletscheroberfläche in der Mitte des 19. Jahrhunderts eingetragen. Das Felsbecken des Sees lag damals 200 m tief unter dem Eis.

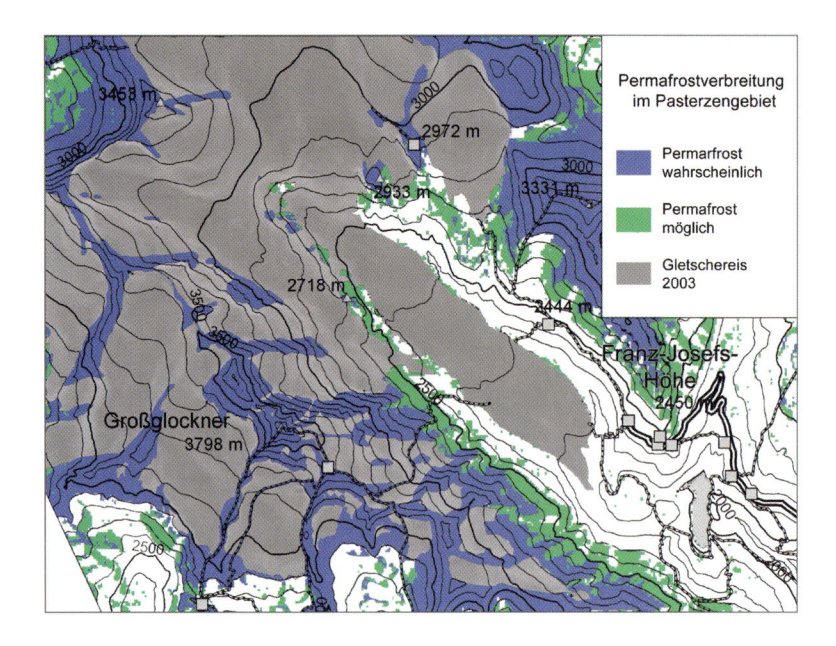

Die Karte der rechnerisch ermittelten (modellierten) Verbreitung des gegenwärtigen Permafrosts im Umkreis der Pasterze zeigt, dass dieser in den höheren Lagen der Glocknergruppe beinahe flächendeckend auftritt (Modellierung: M. Avian, Zeichnung: B. Malowerschnig).

Blick von Norden auf das Gletscherende der Pasterze und den vielfältigen Formenschatz des Gletscherschwundes, der sich dort entwickelt – unter „braided river" versteht man einen Fluss, der sich in viele Arme teilt und fortwährend seinen Lauf verändert (Foto: September 2008).

Burgstall stürzten, alles in allem etwa 57.000 m³ – genug um ein Fußballfeld mit 120 x 90 m mehr als 5 m hoch zu bedecken. Einzelne Partien brachen noch bis 2009 ab, der neu entstandene Zackengrat ist aber noch immer so beschaffen, dass jederzeit Nachstürze möglich sind.

Zum Glück ereignete sich all dies weitab von häufig begangenen Routen oder Wegen, weshalb nie Personen gefährdet waren. Ganz anders war die Sachlage, als sich in den 1990er-Jahren Steinschlagereignisse häuften, die den Gamsgrubenweg betrafen. Dieser gilt wegen seiner Nähe zur Franz-Josefs-Höhe mit einer Frequenz von bis zu 200.000 Personen pro Jahr als einer der meist begangenen alpinen Steige der Ostalpen. Im Hochsommer 1999 beförderte ein solches Steinschlagereignis einige Kubikmeter Schutt aus den Felsen der darüber aufragenden Freiwand auf den Weg – wie durch ein Wunder, ohne jemanden zu verletzen. Dieser wurde daraufhin durch eine behördliche Verfügung am 4. August dieses Jahres gesperrt. Was folgte, war ein langes Tauziehen um die Finanzie-

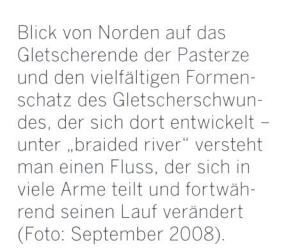

Der Mittlere Burgstall (links) von Osten – die beiden Vergleichsfotos vom 21. September 2006 (oben) und 20. September 2007 (unten) zeigen eindrucksvoll, wie sich die Form des Berges durch die Sturzereignisse grundlegend geändert hat.

Die Hofmannshütte lag 2010 fast genau 300 Höhenmeter über dem Eisrand der Pasterze – der Steig dorthin ist aufgelassen worden, der Hüttenstandort hat seine ursprüngliche Funktion als Ausgangspunkt für die Ersteigung des Großglockner verloren.

rung der notwendig gewordenen Sicherungsmaßnahmen, um den beliebten Wanderweg wieder freigeben zu können. Realisiert wurde schließlich eine „große" Lösung mit einer Wegführung durch sechs Tunnels in den gefährdeten Abschnitten, was in Summe mehr als 2 Millionen Euro kostete (Umweltdachverband 2006). Der neue Weg wurde am 20. Juli 2003 seiner Bestimmung übergeben.

Mit der vierjährigen Sperre des Gamsgrubenweges waren auch die Alpenvereinsstützpunkte Hofmanns- und Oberwalderhütte nur mit mindestens zweistündigem Mehraufwand – und das durch schwieriges Gelände (samt Begehung eines an Gletscherspalten reichen und daher gefährlichen Abschnitts der Pasterzenzunge) – zu erreichen. Für die erstgenannte Hütte, die primär von den über den Gamsgrubenweg kommenden Tagesgästen frequentiert worden war, war dies der „Todesstoß". Die ohnehin schon renovierungsbedürftige Hütte musste gesperrt werden und befand sich nach den vier Jahren der Nichtbenutzung in einem so desolaten Zustand, dass an eine Wiedereröffnung nicht zu denken war. Bisher blieben die Bemühungen, Geldmittel für einen notwendigen Neubau aufzutreiben, erfolglos, weshalb der Bau allmählich verfällt. Aus der Sicht des Alpenvereins scheint eine Auflassung dieses traditionellen Stützpunktes (hervorgegangen aus der auf Betreiben von Erzherzog Johann 1835 errichteten Unterstandshütte) unausweichlich, hat er doch seine alpinistische Bedeutung eingebüßt. Denn von der Hütte startete man früher zum „Hofmannsweg", dem Standardanstieg auf den Großglockner von der Pasterzenseite her. Diese Route wird nicht mehr begangen, denn man müsste hierzu von der Hütte zuerst 300 Höhenmeter auf dem im unteren Teil gefährlichen, abschüssigen Gelände absteigen, um überhaupt die Pasterzenzunge zu erreichen. Deshalb ist der frühere Weg bereits aufgegeben worden. Die Hofmannshütte schickt sich demnach an, die erste Schutzhütte Österreichs zu werden, die dem Klimawandel zum Opfer fällt …

Weniger dramatisch, jedoch unübersehbar sind auch die Veränderungen an der Gletscherzunge. Hierzu gehören die Verfallserscheinungen am Gletscherende durch meist mehr oder weniger kreisförmige Trichter über Hohlräumen im Eis. An diesen brach in den 2000er-Jahren die Gletscheroberfläche um bis zu mehr als 15 m jährlich ein, was mittels terrestrischem Laserscanning (einer exakten digitalen Vermessungstechnologie) festgestellt wurde. Der Zerfall des Gletschers führt zu einem verstärkten Gletscherrückgang, der an einzelnen Messpunkten bis zu rund hundert Meter jährlich betragen kann. Zurück bleibt eine chaotische, in vielen Jahren ausgesprochen spektakuläre Eiszerfallslandschaft, die von Toteislöchern, Wasserläufen und vor allem viel Schutt dominiert wird. Schutt reichert sich immer mehr auch an der Oberfläche der Gletscherzunge an, sodass deren orografisch rechter Teil von den meisten uninformierten Beobachterinnen und Beobachtern auf der Franz-Josefs-Höhe gar nicht mehr als Teil des Gletschers erkannt wird. Welches Ausmaß die zunehmende Schuttbedeckung angenommen hat und dass auch sie eine Folge des Klimawandels ist, zeigt der Beitrag von Andreas Kellerer-Pirklbauer auf den folgenden Seiten anhand einiger Ergebnisse aus einem erst 2011 abgeschlossenen interdisziplinären Forschungsprojekt.

Am Ende der stark zurückschmelzenden Gletscherzunge der Pasterze kommt es zu regelrechten Zerfallserscheinungen im Eis – diese äußern sich beispielsweise in Einbruchstrichtern (oben) Versturz- oder Bruchstrukturen (Mitte), meist über Höhlen unterhalb des Eises (unten).

Die Gletscherzunge der Pasterze verschwindet unter Schutt

Andreas Kellerer-Pirklbauer

Mitarbeiter am Institut für Fernerkundung und Photogrammetrie der Technischen Universität Graz sowie am Institut für Geographie und Raumforschung an der Karl-Franzens Universität Graz. Sein Arbeitsschwerpunkt liegt schon seit 10 Jahren in der Physiogeographie des Hochgebirges, wobei neben Forschungstätigkeiten in Norwegen, Island und Spitzbergen der regionale Schwerpunkt auf den Hohen und Niederen Tauern liegt. Im Zuge der Forschungen wurden durch ihn verschiedene Aspekte rund um die Pasterze untersucht.

Die Pasterze – ein „schmutziger" Gletscher

Nähert man sich der Franz-Josefs-Höhe von Heiligenblut oder dem Hochtor, so entwickelt sich unweigerlich Vorfreude auf den zu erwartenden grandiosen Blick zum Großglockner und zur Pasterze mit ihrer mächtigen Gletscherzunge. Im Hochsommer oder Frühherbst mag man jedoch enttäuscht sein, wenn man den Blick zur Pasterzenzunge richtet. Dort unten befindet sich dann nicht eine „saubere" Gletscherzunge mit reinem Eis an der Oberfläche, sondern ein Eiskörper, der von Jahr zu Jahr mehr unter einer Schuttdecke verschwindet, und für die Betrachtenden „schmutzig" erscheint. Es sind bereits weite Teile der immer kleiner werdenden Gletscherzunge der Pasterze von einer geschlossenen Schuttdecke („Obermoräne") bedeckt, besonders der Zungenbereich am Fuß des Großglockners. Wie Messungen ergaben, nimmt die Mächtigkeit dieser „supraglazialen" Schuttdecke an der Pasterze von oben nach unten stetig zu. Sind es im oberen Bereich der Gletscherzunge nur wenige Zentimeter, können nahe dem Gletscherende Ausmaße von über einem Meter erreicht werden. Der gegenwärtige Klimawandel und der damit einhergehende Gletscherrückzug haben schon so manche Gletscherzunge auf der Erde komplett unter Schutt begraben, beispielsweise am benachbarten Ödenwinkelkees oder am Tasmangletscher in Neuseeland.

Wie entsteht eine solche Schuttdecke?

Damit sich auf einem Gletscher eine Schuttdecke bilden kann, bedarf es des Eintrags von Schutt von oben (beispielsweise Felssturz aus Hängen darüber) oder von unten (etwa Ausschmelzung von im Gletschereis eingeschlossenem Gesteinsschutt). Damit dieser anfallende Schutt daraufhin nicht schnell vom Gletscher abtransportiert wird, sondern zu immer größeren Mächtigkeiten anwachsen kann, sind geringe Fließbewegungen des Gletschers weiter von Vorteil. Gerade Gletscher, welche durch den Klimawandel an Volumen verlieren, verlangsamen gleichzeitig ihre Bewegung. Im Profil zwischen Kleinem und Mittlerem Burgstall nahm die mittlere Geschwindigkeit von rund 55 m pro Jahr zu Beginn der 1980er-Jahre auf aktuell 15 m pro Jahr ab. Das reduzierte das Abtransport-Potenzial von Schutt in nur 30 Jahren auf rund ein Viertel. Die Prozesse, welche meist in Kombination auftreten und in den letzten Jahrzehnten zur Zunahme der Schuttdecke an der Oberfläche der Pasterze geführt haben, sind die folgenden (Abbildung oben):

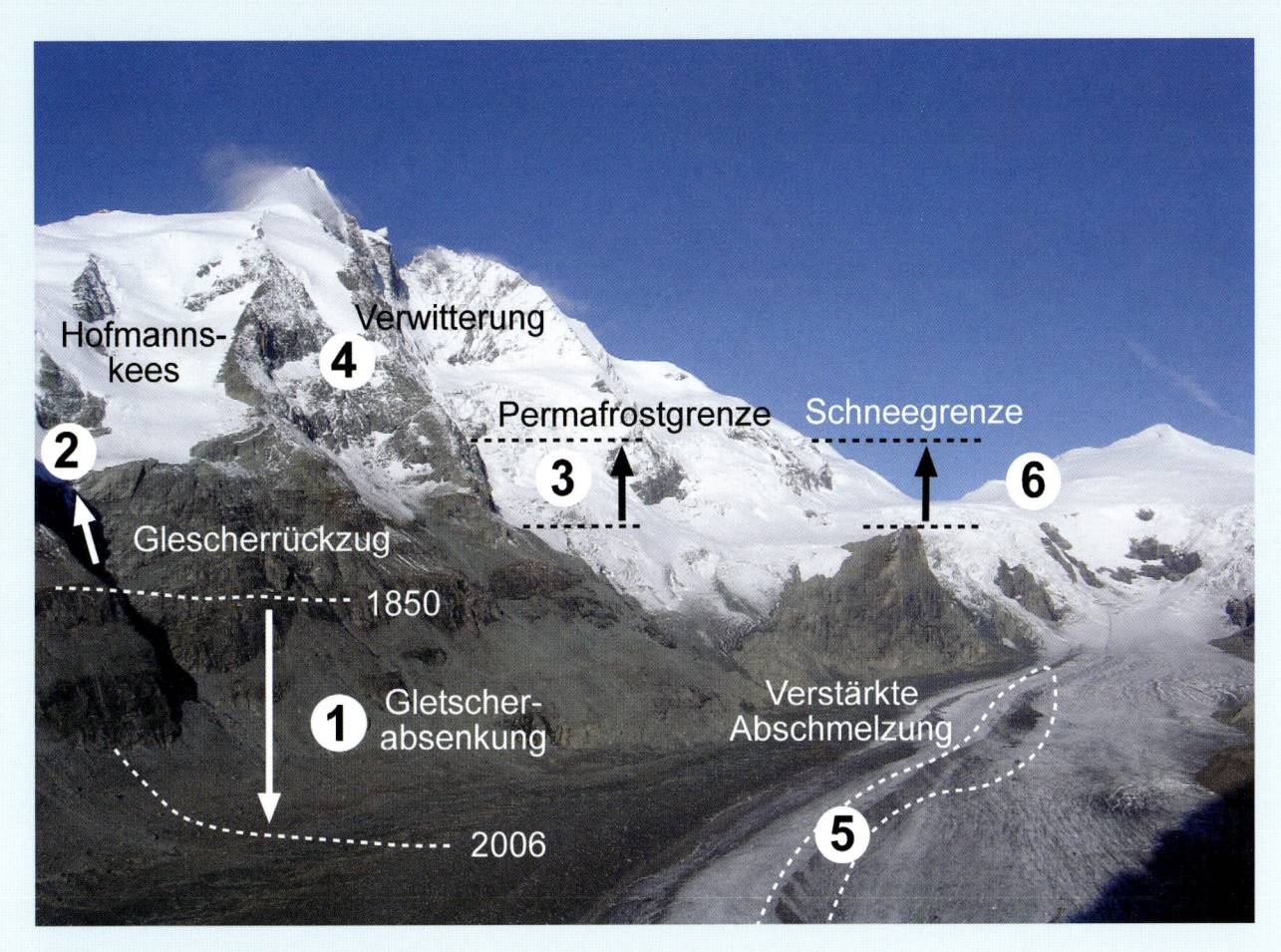

■ Absenkung der Gletscheroberfläche: Diese bewirkt eine Zunahme von Fels- und Schutthängen oberhalb der abschmelzenden Gletscherzunge. Das frisch vom Gletscher freigegebene Gelände ist besonders anfällig für Vorgänge wie Steinschlag, Muren oder (mit Schutt angereicherte) Schneelawinen, welche Gesteinsmaterial auf die Gletscheroberfläche transportieren. Dabei kann entweder einst durch Eis bedeckter Schutt (Moräne) oder durch Frostwechselprozesse entstandenes frisches Gesteinsmaterial aus dem Fels bewegt werden.

■ Rückzug von Hängegletschern und Eisflanken oberhalb der Gletscherzunge: Auch hierbei wird Gelände durch Eisrückzug der einstigen Gletscherzuflüsse zur Pasterze eisfrei (zum Beispiel das Hofmannskees). Diese Fels- und Schutthänge liefern durch die oben beschriebenen Prozesse ihren Beitrag zur Schuttdecke weiter unten auf der Pasterzenzunge.

Verschiedene Prozesse, welche beim Aufbau der Schuttdecke an der Pasterzenzunge wirken. (22. September 2005).

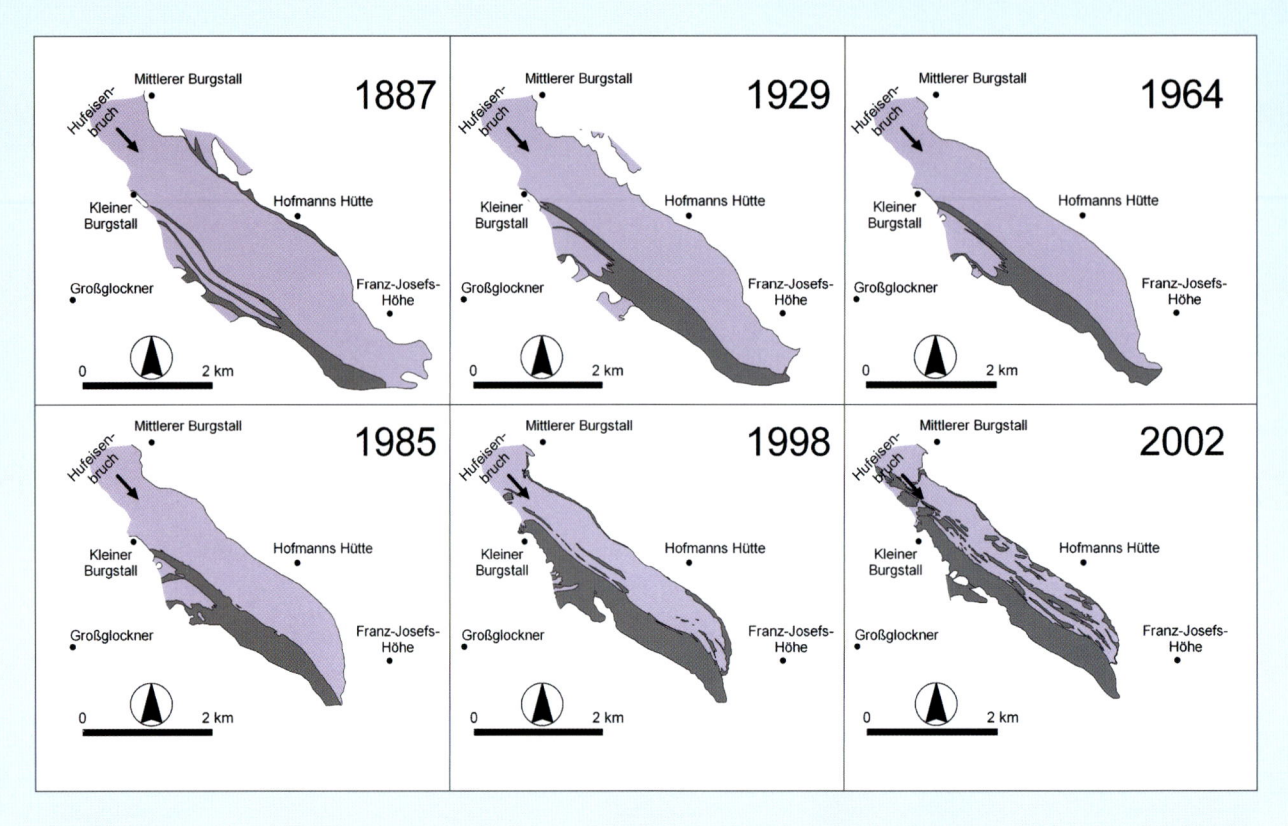

Die Entwicklung der Gletscherzunge der Pasterze mit ihrer Schuttdecke zwischen 1887 und 2002.
(Auswertung und Kartografie A. Kellerer-Pirklbauer)

■ **Abtauen von Permafrost:** Neben dem Abschmelzen des Gletschereises bewirkt der Klimawandel auch das Auftauen von Dauerfrostarealen. Einst durch Bodeneis zusammengehaltene Gesteinspakete können sich bei Eisverlust lösen und zu Tal donnern.

■ **Veränderung der Verwitterungsraten:** Die Klimaveränderung setzt Hänge verstärkt dem Frostwechsel aus, welche früher wegen ihrer Schattenlage (etwa an steilen Nordhängen) nur wenig davon betroffen waren. Dies führt zur mechanischen Beanspruchung des Gesteins, zur schnelleren Gesteinsverwitterung und zu mehr Steinschlag.

■ **Verstärkte Abschmelzung der Gletscherzunge:** Durch höhere Abschmelzraten an der Gletscherzunge schmilzt das im Eis eingeschlossene („englaziale") Schuttmaterial schneller aus und trägt somit von unten her zum Anwachsen der Schuttdecke bei. Zusätzlich kann es entlang von nach oben gerichteten Bewegungsbahnen im Eis (Scherflächen) zum Transport von unter dem Gletscher befindlichem („subglazialem") Gesteinsmaterial nach oben kommen.

■ **Verschiebung der Schneegrenze nach oben:** Diese bewirkt eine Verkleinerung der Nährgebiete. Wegen des Höherwanderns der Schneegrenze nehmen die Areale zu, in denen im Jahresmittel mehr Eis und Schnee abschmelzen, als hinzukommen. Da in diesen Bereichen (Zehrgebiet) die innere Bewegungskomponente des Eises nach oben gerichtet ist, kann sich eine oberflächliche Schuttdecke in immer höhere Gletscherbereiche hinauf bilden.

Hatte die Pasterze schon immer eine Schuttdecke?

Schon Ender hatte 1832 in seinen Bildern die allerdings viel kleinere Schuttdecke dokumentiert, ebenso wie wenig später die Brüder Schlagintweit in ihrer Karte. Die Abbildung links zeigt die Entwicklung der Schuttdecke 1887–2002 auf der Grundlage historischer und aktueller Karten sowie Luftbilder. Man erkennt darin den Rückzug der Pasterze und die Zunahme der Schuttbedeckung, die sich etwa zwischen 1964 und 2002 um 30 Prozent vergrößerte. Fasst man die aktuellen Erkenntnisse zusammen, so kann angenommen werden, dass eine Schuttdecke an der Pasterze bereits seit dem Ende der Eiszeit vor über 10.000 Jahren ein wesentliches Gletscherelement darstellte, in ihrer Ausdehnung jedoch seither stark variierte.

Welche Auswirkungen hat die Schuttdecke auf den Gletscher?

Schon eine wenige Zentimeter mächtige Schuttdecke bewirkt einen beachtlichen Schutz des Eises vor der Abschmelzung. Messungen an der Pasterze ergaben, dass eine Schuttdecke von 15 cm das Abschmelzen des Eises bereits um 30–35 Prozent reduziert. Bei sehr großen Schuttdecken-Mächtigkeiten kann die Abschmelzung sogar gegen null gehen. Daher ist die Schuttdecke auch eine gewisse „Überlebensstrategie" der Gletscher: Das Eis zieht sich unter die Schuttdecke zurück, um schlechte Zeiten zu überbrücken und bei guten wieder vorzustoßen.

Was bringt uns die Zukunft?

Alle Klimamodelle sagen eine markante weitere Erwärmung und somit eine Eisschmelze voraus. Dies wird an der Pasterze zur Folge haben, dass die Gletscherzunge am Hufeisenbruch vom restlichen Gletscher abbrechen, unter Schutt verschwinden und langsam abschmelzen wird. Bereits heute findet sich eine ganze Reihe von Pflanzen auf der Schuttdecke, wie zum Beispiel der **Quell-Steinbrech** (Saxifraga aizoides) und der **Gegenblättrige Steinbrech** (Saxifraga oppositifolia) oder das **Alpen-Rispengras** (Poa alpina). In Zukunft wird die Pflanzenvielfalt durch das Nachrücken von Pflanzenarten aus tieferen Lagen sowie durch die größere Stabilität der Schuttdecke zunehmen und in einigen Jahrzehnten könnte auf den Resten der Pasterzenzunge ein Baum wachsen.

Was bringt die Zukunft?
Die Entgletscherung des Pasterzenraums wird sich fortsetzen

Das Südliche Pfandlschartenkees, ein östlicher Nachbargletscher der Pasterze, kann wohl schon als verschwunden gelten – zumindest sind die wenigen Eisreste kaum mehr als solche zu erkennen, wie der Fotovergleich 1981 (oben) und 2010 (unten) zeigt.

„Verschwinden die Kärntner Gletscher?" lautet der Titel des Fachaufsatzes von Helmut Lang (1998) in einem repräsentativen, den Naturschönheiten in Österreichs südlichstem Bundesland gewidmeten Sammelband.

Der Autor, bedeutender Kärntner Gletscherforscher mit jahrzehntelangem Arbeitsschwerpunkt in der Ankogelgruppe, kommt darin zum Schluss, dass die kleinen und dünnen Gletscher innerhalb weniger Jahre verschwinden werden, wenn die mittleren Temperaturen – woran ja bei der „erdrückenden" Faktenlage nicht zu zweifeln ist – weiter ansteigen werden. Viele Gletscher sind bereits verschwunden oder zu solch kärglichen Eisresten zusammengeschrumpft, dass für sie die Bezeichnung „Gletscher" eigentlich nicht mehr passend erscheint, wie etwa das Beispiel des Südlichen Pfandlschartenkeeses zeigt. Von den Gletschern, die „noch zumindest über viele Jahrzehnte erhalten bleiben" werden, nennt der Autor nicht nur die Pasterze, sondern auch das Hofmanns- und das Wasserfallwinkelkees.

Diese Ergebnisse stimmen weitgehend mit denen anderer Untersuchungen überein, etwa den im Rahmen des Forschungsprojektes PASTEX gewonnenen oder den auf unterschiedlichen Erwärmungs-Szenarien beruhenden Modellrechnungen, die das Team der Zentralanstalt für Meteorologie und Geodynamik in Wien durchführte.[65] Daraus etwa ergibt sich, dass bei einem Temperaturanstieg um 5 °C, der bis zum Ende des 21. Jahrhunderts nicht auszuschließen ist, 99 Prozent des Nährgebietes (der Pasterze) verloren gehen würden. Freilich weisen die Autorinnen und Autoren auch darauf hin, dass es sich hierbei weitgehend um Spekulationen handelt, weil viele Rahmenbedingungen des Gletscherrückzuges – von der Fließdynamik über die Gestaltung des Untergrundes bis zur Schuttbedeckung – (noch) nicht mit ausreichender Genauigkeit modelliert werden können.

All diesen Unsicherheiten zum Trotz gibt es jedoch keinerlei wie auch immer geartete Anzeichen dafür, dass sich in absehbarer Zeit der herrschende Gletscherrückzug in einen Vorstoß umkehren könnte. Einem aktiven Flächengewinn, also einem Vorstoß, der Pasterze, müsste eine längere Phase mit überwiegend positiven Massenbilanzen vorausgehen, das heißt, man müsste schon Jahrzehnte zuvor kontinuierlich Aufhöhungen der Gletscheroberfläche in den höchsten Lagen feststellen. Und überhaupt: Wollte man wieder eine Pasterze haben, wie sie 1850 war, dann bräuchte es für diese Entwicklung Jahrhunderte. Für den Vernagtferner in den Ötztaler Alpen hat die Kommission für Glaziologie der Bayerischen Akademie mindestens 200 verregnete, kalte Sommer veranschlagt, bis dieser Gletscher wieder die frühere Größe erreichen würde.

Von einer Erholung der Gletscher kann keine Rede sein, ganz im Gegenteil – in den meisten Jahren registriert das derzeitige Gletschermessteam auch am rund 3000 m hoch gelegenen Firnprofil der Pasterze deutliche Einsinkbeträge. Auch gibt es dort in den meisten Jahren keine Schneereste aus dem jeweils vorangegangenen Winter mehr, sondern Blankeis als untrügliches Zeichen dafür, dass auch diese Höhenstufe zum Zehrgebiet gehört. Im Firngebiet der Pasterze sind Firn-

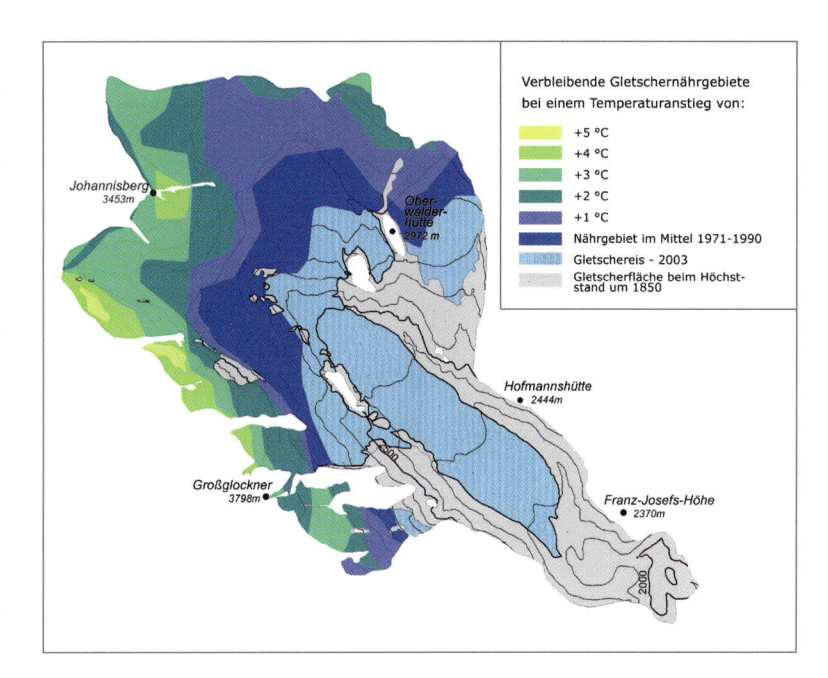

Oben: Verbleibende Nährgebietsflächen bei verschiedenen Erwärmungsraten aufgrund von Modellierungen. Zeichnung: B. Malowerschnig.

Unten: So stellt sich der Künstler K. Leitl den Talboden der Pasterze nach dem Verschwinden der Gletscherzunge vor.

schichten aus früheren Jahren zurück bis zu jenen in den 1950er-Jahren weggeschmolzen. Mit anderen Worten: Das Zehrgebiet mit einem Überwiegen der Abschmelzung ist auf Kosten des Nährgebietes unverhältnismäßig größer geworden.

Es kann kein Zweifel daran bestehen, dass sich der Gletscherschwund auch bei einem bloßen Andauern der gegenwärtigen Klimabedingungen fortsetzen und bei der erwarteten weiteren Erwärmung beschleunigen wird. Wie groß jedoch die Pasterze zu einem bestimmten zukünftigen Zeitpunkt sein wird, lässt sich beim augenblicklichen Wissensstand nicht sagen. Die aktuell schon beobachtbaren Tendenzen aber werden jedenfalls andauern, besonders das weitere Ausapern des Hufeisenbruches als Zeichen des rückläufigen Eisnachschubs. Schon jetzt wird dieser über den Hufeisenbruch in die Gletscherzunge immer weniger, die Gletscherzunge ist zum Abschmelzen verurteilt. Sie wird mehr und mehr zu einem großen, inaktiven Toteiskörper (= Eis, das sich nicht mehr bewegt). Ein anderer, visuell stark wirksamer Faktor ist die weitere Zunahme der Schuttbedeckung der Gletscherzunge, wie im Beitrag von Andreas Kellerer-Pirklbauer zu lesen ist. Damit kann noch öfter als bisher irrtümlicherweise nur der blanke Teil des Eisstromes Pasterze als Gletscherzunge angesehen werden und nicht auch der schuttbedeckte, graue Teil. Dass damit insgesamt das Landschaftsbild, das sich den Betrachterinnen und Betrachtern an der Franz-Josefs-Höhe oder am

Wallfahrt von Fusch an der Glocknerstraße nach Heiligenblut (28. Juni 2003).

Links oben: Flugaufnahme der Pasterze (13. August 2003). In diesem Sommer war das Nährgebiet fast komplett aper, es gab nur mehr wenige Schneeflecken (hell) vom vergangenen Winter. Viele alte Firnschichten (dunkel) sind der Abschmelzung ausgesetzt. Der gelbbraune Ton kommt vom Wüstenstaub im Herbst 2002. Das Eis fließt durch den Hufeisenbruch und bildet darunter die Gletscherzunge. Der Gletscher erlitt 2003 einen extremen Massenverlust.

Unten: Blick vom Flugzeug auf den Mittelteil des obigen Luftbildes. Aufgrund des nachlassenden Eisnachschubs reißt im Hufeisenbruch der Gletscher immer mehr ab (20. August 2003).

Gamsgrubenweg darbietet, weniger von Gletschereis und Schnee und immer mehr von Fels und Schutt geprägt sein wird, ist also eine unausweichliche Folge der längst in Gang befindlichen Prozesse.

Glockner und Pasterze werden Ziele des Massentourismus bleiben

Wird das womöglich bedeuten, dass in Zukunft im Großglockner-Pasterzen-Gebiet die Touristinnen und Touristen ausbleiben werden, wie eine vielfach geäußerte sorgenvolle Frage lautet? Das wird aber wohl kaum der Fall sein. Es muss nicht einmal zu einem Rückgang des Besuchs kommen. Diese Aussage basiert auf den folgenden Überlegungen:

■ Bei den bisher durchgeführten Befragungen von Besucherinnen und Besuchern an der Franz-Josefs-Höhe konnte festgestellt werden, dass für viele von ihnen zwar die Gletscher ein wichtiges Element des Erlebnisses darstellen, für die weitaus meisten jedoch bei Weitem nicht das einzige. Die Palette reicht hierbei von der Hochgebirgslandschaft über die Murmeltiere bis zu den Motorrädern, alles Dinge, die unabhängig vom Gletscher einen Aufenthalt am Fuß des Großglockner auch in Zukunft erlebnisintensiv machen können.

65 Böhm, R.; Schöner, W.; Auer, I.; Hynek, B.; Kroisleitner, C.; Weyss, G., 2007: Gletscher im Klimawandel. Vom Eis der Polargebiete zum Goldbergkees in den Hohen Tauern. – Zentralanstalt für Meteorologie und Geodynamik, Wien, 111 S.

Die Murmeltiere stehen an dieser Stelle symbolisch dafür, dass ein Ausflug zur Pasterze trotz des rapide fortschreitenden Gletscherschwundes auch in Zukunft erlebnisreich sein wird.

■ Auch die oftmals formulierte Befürchtung, dass das entgletscherte Hochgebirge mit seinem durch die visuelle Dominanz von Fels und Schutt dunkleren Erscheinungsbild nicht mehr attraktiv sein würde, kann aus zwei Aspekten heraus entkräftet werden. Zum einen ist Vergletscherung keineswegs eine Bedingung für die Attraktivität von Hochgebirgen – man denke etwa an so berühmte (beinahe) gletscherfreie Tourismusdestinationen wie die Dolomiten, die Berchtesgadener Alpen oder die Hohe Tatra – und zum anderen wird auch in Zukunft das Hochgebirge die meiste Zeit des Jahres nicht dunkel, sondern weiß erscheinen, liegt doch hier bis weit in den Sommer hinein Schnee.

■ Anstelle der Gletscher kommen andere Landschaftselemente zum Tragen. So können nach dem Rückzug in heute noch vom Eis bedeckten Felsbecken neue Seen entstehen. Die Eistiefenmessungen haben gezeigt, dass ein neuer See dort entstehen kann, wo derzeit noch die Gletscherzunge liegt. Insgesamt würde die Landschaft in den Hohen Tauern nach dem gänzlichen Verschwinden der Gletscher etwa wie die (seit dem Ende der Eiszeit eisfreien) Niederen Tauern aussehen. Sie haben dann aber immer noch einen hohen Grad an Ästhetik durch die markanten Berggipfel und schroffen Grate – typische Wesensmerkmale eines Hochgebirges.

■ Ziele des Massentourismus werden keineswegs wegen einer Naturerscheinung alleine zu solchen, sondern dies ist letztlich eine Folge von Marketingmaßnahmen und dahinterstehenden Personengruppen oder Unternehmen. Für die Glocknerstraße war niemals die Pasterze allein der Inhalt des Marketings, sondern ein ganzes Set an Erlebnismöglichkeiten, welche die Hochgebirgslandschaft bietet. Es wird also in Zukunft wohl kein Problem sein, den vielleicht weniger spektakulären Gletscherblick durch die verstärkte Inszenierung anderer Landschaftselemente und noch mehr durch alternative Erlebnisangebote zu substituieren. Die Profilierung der Glocknerstraße als Zugangsmöglichkeit zum Nationalpark Hohe Tauern hat diese Herangehensweise an das Problem längst vorweggenommen.

Dies freilich darf nicht darüber hinwegtäuschen, dass sich bestimmte Aktivitäten sehr wohl mit dem Landschaftswandel verändern werden. Dies betrifft im Besonderen den Alpinismus, der auf weiten Strecken mit veränderten Weg- und Routenverhältnissen konfrontiert sein wird, wie dies etwa das Beispiel des nicht mehr gebräuchlichen Zugangsweges von der Hofmannshütte zum Großglockner gezeigt hat. Ein weiteres Beispiel sind die Eisklettertouren, von denen viele nur mehr eingeschränkt als solche begehbar sind – die Pallavicinirinne etwa ist längst keine durchgehende Eisrinne mehr, sondern teilweise eine Felsflanke. Wer sie also bei Eis und Schnee begehen möchte, muss dies im späten Frühjahr und nicht wie seinerzeit im Hochsommer tun. Für das Eisklettern haben sich die Möglichkeiten also deutlich reduziert, sodass so manche derjenigen, die diesen Trendsport ausüben, in die Westalpen oder überhaupt in außereuropäische Gebirge „abgewandert" sind. Aber bei diesem Extremsport handelt es sich nur um eine kleine Personengruppe – viel wichtiger ist die Frage, ob auch Einschränkungen für „normale" Alpinistinnen und Alpinisten zu erwarten sind.

Die erwähnte Auflassung von Wegen und Routen ist eine Maßnahme, welche nur infrage kommt, wenn tatsächlich keinerlei Alternativen – etwa kleinräumige Sanierung oder Neuanlage von Wegen in nahegelegenen, sicheren Bereichen – vorhanden sind. Denn der Wegfall von Wegen bedeutet neben dem Verlust eines Stücks Alpingeschichte letztlich auch die Verringerung des touristischen Angebotes. Aus dieser Sorge heraus hat das österreichische Wirtschaftsministerium eine vom „Institut für Geographie und Raumforschung" der Universität Graz durchgeführte Studie finanziert, welche herausfinden sollte, welche Wege im Großglockner-Pasterzen-Gebiet durch Klimawandel-Folgeprozesse gefährdet sind. Das auf der exakten Modellierung der Prozesse beruhende Ergebnis war, dass dies gegenwärtig schon auf 61 Prozent des gesamten Wege- und Routennetzes zutrifft – unter Annahme eines sehr gemäßigten Erwärmungstrends bis 2030 wird sich der Anteil auf 64 Prozent erhöhen.

Wie besorgniserregend sind diese Aussagen? Im Rahmen der genannten Studie wurden auch Fachleute der alpinen Vereine, der Bergrettung, des regionalen Bergführer-Vereins und des Nationalparks befragt. Dabei herrschte Übereinstimmung in der Einschätzung, dass bei den lokalen und regionalen Akteurinnen und Akteuren nicht nur ein breites Problembewusstsein

Von der Franz-Josefs-Höhe aus kann man die (wieder eingebürgerten) Steinböcke sehen. Am Gamsgrubenweg kommt es vor, daß diese ohne Scheu vor dem Menschen den Weg queren.

66 Siehe den Beitrag von Peter Haßlacher auf S. 100.

für die Folgen des Klimawandels besteht, sondern auch dem Setzen geeigneter Maßnahmen ein hoher Stellenwert eingeräumt wird – die Auflassung des gefährlich gewordenen Weges im steilen Fels- und Moränenhang unterhalb der Hofmannshütte ist nur eines von vielen Beispielen. Hierzu muss jedoch angemerkt werden, dass die Probleme in Bezug auf die Wege und Routen keineswegs neu sind, denn die Entwicklung des Alpinismus hat sich zeitgleich mit dem sich seit der zweiten Hälfte des 19. Jahrhunderts erwärmenden Klima vollzogen. Deshalb steht zur Adaptierung des Wegenetzes und generell zur Aufrechterhaltung der alpinen Infrastruktur längst ein gut bewährtes Bündel an standardisierten Maßnahmen zur Verfügung.

Die weitaus meisten Wege im Hochgebirge werden von ehrenamtlichen Mitarbeiterinnen und Mitarbeitern der alpinen Vereine betreut – im Pasterzengebiet sind es durchwegs Sektionen des Oesterreichischen Alpenvereins, die auch ein wachsames Auge auf die Erhaltung von Natur und Landschaft werfen.[66] Der globale Wandel – sowohl in Bezug auf das Klima als auch die Nutzungsinteressen der Wirtschaft – macht diese Aufgaben zunehmend schwieriger. Dabei stellt sich die Frage, ob dies weiterhin allein freiwilligem Idealismus zugemutet werden kann und darf oder ob sich nicht doch die Öffentlichkeit für diese Angelegenheiten stärker engagieren sollte.

Mögliche Strategien für einen nachhaltigen Weg in die Zukunft

Welches Fazit kann also am Ende eines Buches stehen, das sich mit den Veränderungen im Umfeld eines großen Gletschers und deren Wahrnehmung durch den Menschen befasst? Es ist eine unumstößliche Tatsache, dass sich der anhaltende Gletscherschwund weiter fortsetzen wird und sich dadurch nicht nur das Landschaftsbild, sondern auch die Aktivitäten der Menschen in der Landschaft ändern. Wer dieses Buch aufmerksam gelesen hat, wird jedoch gesehen haben, dass dieser Wandel nicht erst die jüngste Zeit betrifft, sondern sich schon seit den Anfängen menschlicher Anwesenheit im Gebiet durchzieht. Letztlich war es überhaupt erst der Wandel, der die Geschichte der Pasterze erzählenswert gemacht hat. Die Veränderung des Gletschers und der Landschaft ebenso wie die sich ständig weiterentwickelnde Wahrnehmung und Nutzung durch den Menschen

Der hochalpine Zustieg zur Oberwalderhütte muss auf Grund des Gletscherrückganges und anderer Naturprozesse mit bedeutendem Kostenaufwand immer wieder an die aktuellen Bedingungen angepasst werden Markierungen am Gletscher, September 2010.

kann unter dieser Perspektive als etwas ganz „Normales" angesehen werden. Akzeptiert man diese Einsicht, so relativiert sich manche Befürchtung im Hinblick auf die Zukunft der Pasterze. Man kann dieser also auch mit bloßer Neugierde – einer wesentlichen Triebkraft des Menschen – auf das, was der zurückweichende Gletscher an Überraschungen zum Vorschein bringen wird, begegnen.

Doch damit soll keineswegs einer kurzsichtigen Zukunftseuphorie das Wort gegeben und schon gar nicht der globale Klimawandel bagatellisiert werden! Dessen erschreckende Dynamik und die Unausweichlichkeit seines Andauerns noch über Jahrzehnte – selbst unter der leider unrealistischen Annahme sofortiger Radikalmaßnahmen der globalen Staatengemeinschaft zum Klimaschutz – öffnen wohl unweigerlich den Blick auf eine größere Perspektive. Die Auswirkungen des Gletscherschwundes der Pasterze sind im lokalen und regionalen Umfeld problemlos beherrschbar und werden für keine Personengruppe ein massiver Schaden und oder gar eine Katastrophe sein. Der Klimawandel jedoch birgt bei Betrachtung der gesamten Erde außerordentlich große Risiken in sich, von denen wie immer die Menschen in den ärmeren Ländern der Welt am stärksten betroffen sein werden. Das langsame „Sterben" eines großen Gletschers kann uns demnach daran erinnern, dass Maßnahmen zum Klimaschutz auf allen räumlichen und politischen Ebenen ein Gebot der Stunde sind.

In diesem Sinn hat auch die Umweltschutzorganisation Greenpeace die Gletscherzunge der Pasterze als Projektionsfläche für eine Protestaktion zum Klimaschutz verwendet: Anfang September 2002 machten rund 70 Aktivistinnen und Aktivisten durch ein auf dem Gletscher ausgebreitetes, etwa 5000 m^2 großes Transparent mit Riesenlettern auf die Ölkonzerne als wesentliche Verursacher des Klimawandels aufmerksam. Ein Besuch an der Pasterze sollte somit das Bewusstsein jeder und jedes Einzelnen dafür schärfen, die persönliche Verantwortung hierfür wahrzunehmen und nachhaltige Handlungsoptionen zu realisieren. In diesem Sinne versteht sich nicht nur der Gletscherweg Pasterze, sondern auch dieses Buch als ein kleiner Mosaikstein auf dem Weg zu einer Bildung für Nachhaltige Entwicklung.

Steilanstieg zum Hohen Burgstall, September 2010.

Wappentiere der Hohen Tauern

Robert Lindner

Bartgeier *(Gypaetus barbatus)* auf einer historischen Darstellung (Kretschmer und Wendt, Merveilles de la Nature, Bailliere et fils, Paris, 1878).

a Hacquet, B., 1784: Mineralogisch-botanische Lustreise, von dem Berg Terglou in Krain, zu dem Berg Glokner in Tyrol, im Jahre 1779 und 1781, Wien

Das Gebiet rund um die Pasterze bietet nicht nur einen spektakulären Panoramablick auf den längsten Gletscher der Ostalpen und den höchsten Berg Österreichs, sondern auch die Möglichkeit, typische tierische Bewohner der Hohen Tauern aus nächster Nähe kennenzulernen. Diese Wappentiere der Hohen Tauern haben vieles gemeinsam: Sie alle kommen mit den unwirtlichen Bedingungen des Hochgebirges zurecht, finden hier ausreichend Nahrung und schaffen es, den Gebirgswinter zu überleben. Einige von ihnen verbindet auch eine schicksalhafte und wechselvolle Geschichte ihrer Beziehung zum Menschen.

Verfolgt und zurückgekehrt

Als Hacquet 1794[a] das Gebiet rund um den Großglockner beschrieb, warnte er seine Leser „nicht ohne Schießgewehr zu gehen, weil man auf solchen Anhöhen oft mit einem sehr mächtigen Feinde zu kämpfen hat, nämlich mit großen Geiern, die auf einen Jagd machen und mit ihren mächtigen Flügeln zu Boden, oder in die Abgrufte schlagen." Er meinte damit den **Bartgeier** *(Gypaetus barbatus)*, dem der Ruf vorauseilte, als größter Alpen-Vogel für den Menschen gefährlich zu sein. Das Gerücht, dass er Lämmer töten und sogar kleine Kinder aus Krippen entführen würde, war der Hauptgrund für seine unbarmherzige Verfolgung. Im 17. Jahrhundert wurden Prämien für den Abschuss von Bartgeiern bezahlt und gegen Ende des 19. Jahrhunderts waren sie aus den Ostalpen verschwunden. In den 1930er-Jahren wurden auch in den Westalpen die letzten Bartgeier erlegt. Der mächtigste Vogel der Alpen war verschwunden.

Die Tatsache, dass Bartgeier auf der Nahrungssuche sehr neugierig sind und Wanderern im Gebirge sehr nahe kommen können, hat wohl zu ihrem schlechten Ruf beigetragen. In Wahrheit sind Bartgeier trotz ihrer mächtigen Spannweite von fast drei Metern harmlose Aasfresser. In erster Linie ernähren sie sich von Knochen, sie fressen also das, was sogar andere Aasfresser nicht verwerten können. Knochen haben einen sehr hohen Nährwert, man muss sie nur verdauen können – Bartgeier können das.

Zum Glück waren die Bartgeier aber nicht vollkommen ausgerottet worden. Sowohl in den großen asiatischen Gebirgen als auch in den Pyrenäen, auf Korsika und Kreta haben sie die Verfolgung überlebt. Auch in Tiergärten lebten und leben zahlreiche Bartgeier und werden dort auch erfolgreich gezüchtet. Zootiere waren auch der Ausgangspunkt für die in den 1980er-Jahren begonnene Wiedereinbürgerung der Bartgeier in den Alpen. Hier im Nationalpark Hohe Tauern, genauer gesagt im Krumltal in Rauris, wurden 1986 erstmals junge Bartgeier ausgewildert. Seither wurden über 150 junge Bartgeier im gesamten Alpenbogen freigelassen, von den Hohen Tauern über die Südtiroler und Schweizer Alpen bis hin zu den französischen Seealpen. Das Projekt war erfolgreich, seit 1997 brüten Bartgeier wieder in den Alpen und seit einigen Jahren auch wieder in den Hohen Tauern. Der erste lokale Brutversuch fand 2001 in unmittelbarer Nähe der Pasterze bei Heiligenblut statt, die erste erfolgreiche Brut in den Hohen Tauern 2010 im Krumltal, 8 km nordöstlich des Hochtores.

Fliegende Gipfelstürmer

Schneefinken *(Montifringilla nivalis)* gehören zu den Höhenrekordhaltern unter den Vögeln. In den europäischen Alpen brüten sie bis auf 3500 m Seehöhe, im Himalaya sogar noch auf über 5000 m. Ihr gesamtes Leben ist an die rauen Bedingungen des Hochgebirges angepasst. Als Nistplätze nutzen sie Felsspalten, in denen die Eier und die Jungvögel vor den gröbsten Wetterunbilden geschützt sind. Trotz ihres Namens sind Schneefinken mit Hausspatzen näher verwandt als zum Beispiel mit Buchfinken. Und ganz ähnlich wie die Spatzen scheuen auch sie die Nähe des Menschen nicht. So gibt es entlang der Großglockner Hochalpenstraße kaum ein Restaurant oder eine Hütte oberhalb der Baumgrenze, die nicht „ihr" Schneefinkenpärchen beherbergt. Im Gegensatz zu den meisten anderen Singvögeln der Alpen bleiben Schneefinken auch während des Winters ihrer schneebedeckten, scheinbar lebensfeindlichen hochalpinen Umwelt treu. Möglich ist ihnen das durch eine Umstellung ihrer Ernährungsgewohnheiten. Während sie wie die meisten anderen Singvögel ihre Jungen im Sommer mit Insekten großziehen, ernähren sich Schneefinken im Winter von Sämereien. Diese Samen finden sie an Graten und Felskanten, die vom Wind schneefrei gehalten werden. Um diese Plätze zu erreichen, legen sie sehr lange Strecken zurück, manchmal müssen sie sogar ganze Täler überqueren. Ihre soziale Lebensweise hilft ihnen zusätzlich dabei, die verstreuten Nahrungsplätze zu finden. Sie gehen in Schwärmen auf Nahrungssuche, um gemeinsam einen größeren Erfolg zu gewährleisten. Die gemeinsamen Schlafplätze, meist in Spalten großer Felswände, dienen dabei als eine Art Sammelstelle. Erfolgreiche Schneefinken führen so gewollt oder ungewollt auch ihre Schwarmgenossen zu ertragreichen Futterplätzen.

Kluge Kulturfolger

Alpendohlen *(Pyrrhocorax graculus)* gehören zu den auffälligsten Bewohnern der Franz-Josefs-Höhe. Bereits beim Ankommen im Parkhaus hört man die Stimmen der Rabenvögel mit den korallenroten Beinen und den leuchtend gelben Schnäbeln. Für sie ist das Parkhaus nichts anderes als

Schneefink *(Montifringilla nivalis)*

Alpendohle *(Pyrrhocorax graculus)*

Murmeltier *(Marmota marmota)*

eine große Höhle mit perfektem Wetterschutz und gut geeigneten Brutnischen. Wie alle anderen Rabenvögel auch sind Alpendohlen sehr intelligent und neugierig. Ihre Neugier und die geringe Scheu vor den Menschen haben ihnen geholfen, neue Nahrungsquellen zu erschließen. Im Umfeld von Schutzhütten oder Liftstationen sind nicht mehr Heuschrecken ihre wichtigste Nahrung, sondern die von Menschen zurückgelassenen Abfälle und Speisereste.

Ähnlich wie Schneefinken sind Alpendohlen Gebirgsvögel, deren stammesgeschichtliches Entstehungsgebiet in den zentralasiatischen Hochgebirgen zu suchen ist. Ihre heutige Verbreitung reicht daher vom Himalaya über die kleinasiatischen Gebirge bis in die europäischen Alpen und die Pyrenäen. Ihre unglaublichen Segelflugkünste sind eine perfekte Anpassung an den windreichen Lebensraum Hochgebirge.

Tierische Touristenattraktion

Murmeltiere sind heute wohl die beliebtesten Bewohner der alpinen Rasenlandschaften. Das Murmeltier ist ein Sympathieträger in der Tourismuswerbung und ist zum Sinnbild der Bergwelt geworden. Die Tatsache, dass Murmeltiere an viel begangenen Wanderrouten und in der Nähe touristischer Konzentrationspunkte (wie zum Beispiel an der Franz-Josefs-Höhe) fast jegliche Scheu vor den Menschen verlieren, ist sicherlich einer der Gründe für dieses Image; ihre soziale Lebensweise und der Familienzusammenhalt sind weitere.

Wenn wir von unseren Murmeltieren sprechen, meinen wir eigentlich das **Alpenmurmeltier** *(Marmota marmota)*, eine von insgesamt 14 Murmeltierarten weltweit. Sein natürliches Verbreitungsgebiet war ursprünglich auf die Alpen und die Karpaten beschränkt. Alle anderen heutigen Vorkommen, etwa in den Pyrenäen oder im Schwarzwald, gehen auf Einbürgerungen zurück. Auch innerhalb des Alpenbogens wurde die Verbreitung des Murmeltieres stark vom Menschen geprägt. Das Murmeltier wurde über Jahrhunderte hinweg bejagt, um das begehrte Murmeltierfett zu erhalten. Die daraus hergestellten Salben waren derartig beliebt und gleichzeitig selten, dass ihr Verkauf in Salzburg auf die fürsterzbischöfliche Hofapotheke beschränkt war. Die intensive Bejagung in den Alpen hat dazu geführt, dass das Murmeltier selten wurde und regional sogar ausstarb. Aus diesen Gründen wurden schon früh Aussetzungen initiiert, um die Bestände zu stützen oder neue Vorkommen zu begründen. Es ist daher heute fast unmöglich, das ursprüngliche Verbreitungsgebiet des Murmeltieres zu rekonstruieren.

Sicher ist, dass in den Salzburger und Berchtesgadener Alpen ein natürlicher Bestand bis ins 19. Jahrhundert überlebte. Man weiß auch, dass in Österreich zwischen 1860 und heute mehr als 100 Aussetzungen dokumentiert sind. Auch die Hohen Tauern wurden nacheiszeitlich von Murmeltieren besiedelt, vermutlich sind sie hier aber zwischen dem 17. und dem 19. Jahrhundert ausgestorben. Einer der letzten Hinweise von 1910 stammt aus dem Glocknergebiet (Kals). Belegt ist im 19. und 20. Jahrhundert auch, dass an mehreren unterschiedlichen Stellen in den Hohen Tauern Murmeltiere ausgesetzt wurden. Heute sind Murmeltiere aus den Hohen Tauern nicht mehr wegzudenken.

Magische Überlebenskünstler

Auch das **Steinwild** *(Capra ibex)* blickt auf eine ähnliche Geschichte zurück. Den majestätisch aussehenden **Alpensteinböcken,** die auf wundersame Weise den Winter im Hochgebirge überleben können, wurden Wunderheilkräfte nachgesagt. Fast alle Körperteile wurden zur Herstellung von Heilmitteln verwendet. Intensive Bejagung führte dazu, dass bereits im 15. Jahrhundert das Steinwild in den Hohen Tauern am Rande des Aussterbens stand. Obwohl strenge Schutzmaßnahmen erlassen wurden und Steinwild aus dem Zillertal nach Salzburg übersiedelt wurde, waren die Steinböcke Ende des 18. Jahrhunderts verschwunden. Im gesamten Alpenbogen war die Entwicklung ähnlich und zu Beginn des 20. Jahrhunderts hatte nur eine kleine Gruppe von Steinböcken im ehemaligen Jagdgebiet des italienischen Königshauses am Gran Paradiso überlebt. Von dieser Gruppe ausgehend wurden ab 1906 zuerst in der Schweiz und dann im gesamten Alpenraum Wiedereinbürgerungen unternommen.

Auch im Umfeld des Großglockners fanden derartige Wiedereinbürgerungen statt. In den 1960er-Jahren wurden südlich von Heiligenblut beim Jungfernsprung (einem Wasserfall im Oberen Mölltal) insgesamt 14 Tiere freigelassen, die zuvor im schweizerischen Pontresina gefangen worden waren. Bereits wenige Jahre später tauchten die ersten Steinböcke im Umfeld der Pasterze auf. In den 1970er-Jahren war der lokale Bestand bereits auf über 100 Individuen angewachsen. Trotz teilweise massiver Rückschläge durch Räudewellen hat sich die Population stabilisiert. Heute leben hier rund 150 bis 200 Tiere, die vor allem das Gebiet rund um die Franz-Josefs-Höhe, das Leitertal, das Große Fleißtal und Bereiche der Schobergruppe besiedeln.

Alpensteinböcke *(Capra ibex)*

Anhang

Empfehlungen zum Besuch der Pasterze für Eilige

■ Der beste Aussichtspunkt auf die Pasterze ist die große Panorama-Terrasse auf der Franz-Josefs-Höhe (2370 m), dem Endpunkt der Gletscherstraße (Stichstraße der Großglockner-Hochalpenstraße). Empfehlenswert ist der Besuch der dortigen Nationalpark-Informationsstelle sowie der etwas oberhalb am „Panoramaweg" gelegenen „Wilhelm-Swarowski-Beobachtungswarte".

■ Der kürzeste Zugang zum Gletscher ist eine kurze Bergwanderung, die mit einer Talfahrt mit der Pasterzenbahn (Standseilbahn) beginnt. Von deren Talstation (2220 m) geht man auf gut angelegtem Weg etwa 20 Minuten (Stand: 2010) zum Gletscher, wo ein abgesicherter Bereich zum Betreten des Eises zur Verfügung steht. Für den Rückweg zur Bahn muss man 30 Minuten veranschlagen.

■ Der südöstliche Teil des Gamsgrubenweges führt durch sechs beleuchtete Tunnels, in denen durch Audio- und Video-Installationen die Pasterzen-Sage und die Mythologie des Raumes erlebbar gemacht werden. Herrliche Ausblicke bieten die kurzen Freiluftstrecken. Bis zum Ende des letzten Tunnels sind hin und zurück etwa 45 Minuten bis 1 Stunde Gehzeit zu veranschlagen (Strecke auch kinderwagentauglich). Der Weiterweg in die Gamsgrube und zum Wasserfallwinkel muss als Bergwanderung gelten (siehe dort).

Empfehlungen zum Besuch der Pasterze im Rahmen von Bergwanderungen

(alpine Ausrüstung, körperliche Fitness und Erfahrung in der Einschätzung von Wetter- und Wegverhältnissen erforderlich!)

■ Die beste Möglichkeit zum Kennenlernen der Pasterze und ihrer Umgebung ist die Begehung des – im Text beschriebenen – Gletscherweges Pasterze, für den ein ausführlicher Führer in der Reihe „Naturkundliche Führer zum Nationalpark Hohe Tauern" vor Ort (z. B. im Glocknerhaus) erhältlich ist[67]. Ausgangspunkt ist das Glocknerhaus, Zielpunkt die Franz-Josefs-Höhe, die Gehzeit beträgt etwa 3–3 ½ Stunden – wegen der vielen Attraktionen am Weg sollte man jedoch wenigstens einen halben Tag für die Begehung einplanen. Die Rückkehr zum Glocknerhaus erfolgt entweder auf dem markierten Steig 702 in rund 45 Minuten oder mit dem Bus. Der Nationalpark Hohe Tauern bietet geführte Wanderungen auf dem Gletscherweg an.

■ Die Begehung des Gamsgrubenweges in seiner vollen Länge führt ab dem letzten Tunnel in hochalpines Gelände, auch wenn der Weg breit und bequem bleibt. Man erreicht – vorbei an der ehemaligen Hofmannshütte – die Gamsgrube (Achtung: Betretverbot abseits des Weges!) und schließlich den Wasserfallwinkel (bis hierher etwa eine Stunde von der Franz-Josefs-Höhe, zurück 45 Minuten). Mit rund 30–50 Minuten Mehraufwand kann man noch bis nahe zum Gletscherende des Wasserfallwinkelkeeses gelangen (Weiterweg von dort ist eine hochalpine Bergtour!).

Hochalpine Bergtouren im Umkreis der Pasterze

(neben alpiner Ausrüstung umfangreiche Bergerfahrung, Trittsicherheit und Schwindelfreiheit erforderlich – Ungeübte ausschließlich mit Bergführerin/Bergführer!)

■ Besonders empfehlenswert ist der relativ einfache Weiterweg vom Endpunkt des Gamsgrubenweges durch den Wasserfallwinkel und über das Wasserfallwinkelkees (Gletscherbegehung, Spaltengefahr!) zur im Sommer bewirtschafteten Oberwalderhütte (2972 m) auf dem Hohen Burgstall in Panoramalage (bis hierher markiert: Nr. 702; 2½–3 Stunden von der Franz-Josefs-Höhe, Rückweg rund 2 Stunden). Bergsteigerinnen und Bergsteiger können von hier in rund 1¾–2 Stunden (Rückweg 1–1¼ Stunden) den Mittleren Bärenkopf (3359 m) erreichen.

■ Das Glocknerhaus ist Stütz- und Ausgangspunkt zahlreicher hochalpiner Übergänge und Höhenwege, von denen die „Glocknerrunde" (in einer Woche rund um den Großglockner, Folder erhältlich), der „Wiener Höhenweg" (mehrtägige Durchquerung der Glockner- und Schobergruppe, Spezialführer erhältlich) und der „Klagenfurter Jubiläumsweg" (Tagestour zum Hochtour, Zweitagestour zum Sonnblick) besonders empfehlenswert sind. Eine vollständige Übersicht aller Tourenmöglichkeiten bietet der „Alpenvereinsführer Glocknergruppe"[68]. Einige der Touren können auch als Packages gebucht werden.

■ Die Ersteigung des Großglockners erfolgt von der „Pasterzen-Seite" her am besten vom Glocknerhaus via Salmhütte und von dort entlang der Route der Erstbesteiger über die Erzherzog-Johann-Hütte auf der Adlersruhe (Zweitagestour). Es wird mit Nachdruck darauf verwiesen, dass der Großglockner kein Wanderberg ist, sondern ein hochalpines Gipfelziel von westalpinem Format!

Alpenvereinskarten für das Gebiet:

AV-Karte Blatt 39: Granatspitzgruppe (Wegmarkierung bzw. Skirouten), Maßstab 1:25.000

AV-Karte Blatt 40: Glocknergruppe (Wegmarkierung bzw. Skirouten), Maßstab 1:25.000

67 Lieb, G. K.; Slupetzky H., 2004: Gletscherweg Pasterze. – Naturkundlicher Führer zum Nationalpark Hohe Tauern 2, 2. Aufl., Innsbruck, 122 S.

68 End, W., 2003: Alpenvereinsführer Glocknergruppe und Granatspitzgruppe. – Bergverlag Rother, München, 10. Aufl., 697 S.

Spendenaufruf für die Aktion „OeAV-Patenschaft für den Nationalpark Hohe Tauern"

Helfen Sie dem Oesterreichischen Alpenverein (OeAV) als größtem Grundbesitzer im Nationalpark Hohe Tauern und erwerben Sie durch Ihre Patenschaft Quadratmeterfelder im Bereich „Pasterze-Sandersee". Mit Ihrer Unterstützung stärken Sie ganz wesentlich den OeAV in der Auseinandersetzung um die geplante Staumauer am Sandersee und die Seilschwebebahn von der Franz-Josefs-Höhe auf den hinteren Pasterzenboden.

Mit der von Ihnen übernommenen Patenschaft werden Projekte im Nationalpark Hohe Tauern verwirklicht. Mit einer Spende von € 10,-- erwerben Sie eine Urkunde, einen m²-Plan mit der Lageskizze Ihres/r Quadratmeter(s), einen Aufkleber „Ich fördere den Nationalpark Hohe Tauern" sowie eine genaue Auflistung über alle bisher geförderten Aktivitäten.

Erlagscheine können Sie anfordern bei: Oesterreichischer Alpenverein Fachabteilung Raumplanung-Naturschutz Olympiastraße 37, A-6020 Innsbruck, Tel.: +43(0)512/59547-20, E-Mail: raumplanung.naturschutz@alpenverein.at

Es besteht auch die Möglichkeit, die Spende direkt auf das Konto des Oesterreichischen Alpenvereins, Kennwort: „Patenschaft Nationalpark Hohe Tauern", Raiffeisen-Landesbank Tirol AG, Konto-Nr. 505.404, BLZ 36000 einzuzahlen.

Von Deutschland aus können Sie Ihre Spende über das Konto der Bayerischen Vereinsbank München, Konto-Nr. 5306 000, BLZ 70020270 einzahlen.

Füllen Sie die Zahlscheine bitte in Druckbuchstaben aus – vielen Dank für Ihre Unterstützung!

Literaturverzeichnis

Alean, J., 2010: Gletscher der Alpen. – Haupt Verlag, Bern, Stuttgart, Wien, 267 S.

Andrée, H., 1985: Der Maler Adolf Obermüllner. – Verlag Anton Scholl & Co., Wien, München, 80 S.

Arnberger, E., 1970: Die Kartographie im Alpenverein. – Wissenschaftliches Alpenvereinsheft 22, München, Innsbruck, 253 S.

Bätzing, W., 1997: Kleines Alpenlexikon. Umwelt – Wissenschaft – Kultur. Beck'sche Reihe Bd. 1205, Verlag C. H. Beck, München, 320 S.

Bätzing, W., 2003: Die Alpen. Geschichte und Zukunft einer europäischen Kulturlandschaft. Verlag C. H. Beck, München, 431 S.

Benn, D.I.; **Evans**, D.J.A., 1998: Glaciers & Glaciation. – Hodder Arnold Publication. London.

Böhm, R.; **Schöner**, W.; **Auer**, I.; **Hynek**, B.; **Kroisleitner**, C.; **Weyss**, G., 2007: Gletscher im Klimawandel. Vom Eis der Polargebiete zum Goldbergkees in den Hohen Tauern. – Zentralanstalt für Meteorologie und Geodynamik, Wien, 111 S.

Braun-Blanquet, G. u. J. (1931) : Recherches phytogéographiques sur le Massif du Großglockner. In: Rev. Geogr. Alp. 19.

Brockamp, B.; **Mothes**, H. (1931): Seismische Untersuchungen am Pasterzenkees. In: Zeitschrift für Gletscherkunde 19, S. 1–17.

Brunner, K., 1990: Gletscherdarstellungen in alten Karten der Ostalpen. – In: Festschrift für Rüdiger Finsterwalder zum 60. Geburtstag. Hrsgg. vom Institut für Photogrammetrie und Kartographie der Technischen Universität München, S. 27–40.

Buchenauer, L., 1980: Hohe Tauern Band I. Ein Bergbuch in vier Abschnitten. – Leykam-Verlag, Graz, Wien, 340 S.

Büdel, J.; **Glaser**, U. (Hrsg.), 1969: Neue Forschungen im Umkreis der Glocknergruppe. Wissenschaftliche Alpenvereins-Hefte 21, München, 321 S.

Clar, E.; **Cornelius**, H.P. (1935): Erläuterungen zur geologischen Karte des Großglocknergebietes 1:25.000. Wien.

Draxl, A., 1996: Der Nationalpark Hohe Tauern – eine österreichische Geschichte. Band I (von den Anfängen bis 1979). – Fachbeiträge des Oesterreichischen Alpenvereins, Serie: Alpine Raumordnung 12, Innsbruck, 348 S.

Drescher-Schneider, R.; **Kellerer-Pirklbauer**, A., 2008: Gletscherschwund einst und heute. Neue Ergebnisse zur holozänen Vegetations- und Gletschergeschichte der Pasterze (Hohe Tauern, Österreich). Abhandlungen der Geologischen Bundesanstalt 62, 45-51.

End, W., 2003: Alpenvereinsführer Glocknergruppe und Granatspitzgruppe. – Bergverlag Rother, München, 10. Aufl., 697 S.

Faber, M. (Hrsg.), 2008: Die Weite des Eises. Arktis und Alpen 1860 bis heute. – Albertina Wien, Hatje Cantz Verlag, Ostfildern, 111 S.

Finsterwalder, R., 1928: Begleitworte zur Karte der Glocknergruppe. – In: Zeitschr. d. DOeAV, München, S. 69–87.

Franz, H. (1943): Die Landtierwelt der mittleren Hohen Tauern. Denkschr. d. Akad. d. Wiss. Wien, math.-naturwiss. Kl. 107, 552 S.

Friedel, H. (1956): Die alpine Vegetation des obersten Mölltales (Hohe Tauern). Erläuterungen zur Vegetationskarte der Umgebung der Pasterze (Großglockner). Wiss. Alpenvereinshefte 16, 153 S.

Gams, H. (1936): Beiträge zur pflanzengeographischen Karte Österreichs. Die Vegetation des Großglocknergebietes. In: Abh. d. zool.-botan. Ges. Wien 16/2, S.1–79.

Geilhausen, M., 2007: Erkundung des oberflächennahen Untergrundes glazifluvialer und fluvialer Sedimentspeicher – Eine vergleichende Studie unter Verwendung von Gleichstromgeoelektrik, Georadar, Refraktionsseismik und Radiomagnetotellurik am Beispiel des Unteren Pasterzenbodens (Hohe Tauern, Österreich) und der Siegaue (Müllekoven, Deutschland). Unveröffentlichte Diplomarbeit. Geographisches Institut. Rheinische Friedrich-Wilhelms-Universität Bonn. 163 S.

Gelb, G. (1989): Das Pasterzengebiet in der Obhut des Alpenvereins. In: Oesterreichischer Alpenverein, Verwaltungsausschuss (Hrsg.): Albert-Wirth Symposium Gamsgrube (Heiligenblut). Tagungsbericht. Fachbeiträge des Oesterreichischen Alpenvereins – Serie: Alpine Raumordnung Nr. 2; Innsbruck, S. 97–113.

Hacquet, B., 1784: Mineralogisch-botanische Lustreise, von dem Berg Terglou in Krain, zu dem Berg Glokner in Tyrol, im Jahre 1779 und 1781, Wien

Haid, H., 2004: Mythos Gletscher. – Loewenzahn i. d. Studienverlag Ges. m. b. H., Innsbruck, Bozen, 109 S.

Hartmeyer, I.; **Prasicek,** G.; **Geilhausen,** M.; **Sass,** O.; **Schrott,** L., 2007: A sediment budget of a sandur in the forefield of the Pasterze glacier (Hohe Tauern, Austria). Geophysical Research Abstracts, Vol. 9.

Hartmeyer, I., 2008: Zum Sedimenthaushalt des Sanders im Gletschervorfeld der Pasterze, Hohe Tauern, Österreich, Teil 1 von 2: Suspensions- und Lösungsfrachten, Sedimentein- und Sedimentausträge. Unveröffentlichte Diplomarbeit. Institut für Geographie und Regionalforschung. Universität Wien. 164 S.

Haßlacher, P. (Red.), 1983: Gletscherweg Pasterze. – Naturkundlicher Führer zum Nationalpark Hohe Tauern 2, Innsbruck, 60 S.

Haßlacher, P. (1989): Der Alpenvereinsgrundbesitz im obersten Mölltal im Spannungsfeld von Naturschutz und Tourismus. In: Oesterreichischer Alpenverein, Verwaltungsausschuß (Hrsg.): Albert-Wirth Symposium Gamsgrube (Heiligenblut). Tagungsbericht. Fachbeiträge des Oesterreichischen Alpenvereins – Serie: Alpine Raumordnung Nr. 2; Innsbruck, S. 19–28.

Haßlacher, P. (1998): Alpenverein und Nationalpark Hohe Tauern – letzte Entwicklung. In: Oesterreichischer Alpenverein, Landesverband Kärnten (Hrsg.): Tauern.Bilder.Bogen – Aquarell-Streifzüge durch die Hohen Tauern und die Entstehungsgeschichte des Nationalparks Hohe Tauern. Millstatt, S. 51–58.

Haßlacher, P. (Red.), 2002: BEST PRACTICE GUIDE – Beispiele für eine erfolgreiche Nationalparkentwicklung in den Hohen Tauern. – Fachbeiträge des Oesterreichischen Alpenvereins, Serie: Alpine Raumordnung 22, Innsbruck, 42 S.

Haßlacher, P., 2007: Alpenvereins-Arbeitsgebiet Großglockner – ein raumordnungs- und nationalpolitischer Streifzug. – In: Berg 2007 (Alpenvereinsjahrbuch „Zeitschrift" Bd. 131), München, Innsbruck, Bozen, S. 254–259.

Hutter, C. M.; **Beckel,** L., 1985: Großglockner – Saumpfad, Römerweg, Hochalpenstraße. – Residenz-Verlag, Salzburg, 195 S.

Hutter, C. M.; **Rainer,** G., 1992: Großglockner. – Pinguin-Verlag, Innsbruck, 88 S.

Jungmeier, M. (1998): Ein weiter Weg – Die hundertjährige Entstehungsgeschichte des Nationalparks Hohe Tauern. In: Oesterreichischer Alpenverein, Landesverband Kärnten (Hrsg.): Tauern.Bilder.Bogen – Aquarell-Streifzüge durch die Hohen Tauern und die Entstehungsgeschichte des Nationalparks Hohe Tauern. Millstatt, S. 33–41.

Klemun, M., 2000(a): … mit Madame Sonne konferieren. Die Großglockner-Expeditionen 1799 und 1800. – Das Kärntner Landesarchiv 25, Klagenfurt, 387 S.

Klemun, M., 2000(b): Der „fürstliche" Großglockner anno 1799 und 1800: Ziel wissenschaftlichen Begehrens. Ein Reiseführer zur „Ausstellung 200 Jahre Großglockner-Erstbesteigung". – In: Großglockner Hochalpenstraßen AG, Österreichischer Alpenklub, Nationalpark Hohe Tauern (Hrsg.): Jubiläum Großglockner. 200 Jahre Erstbesteigung, 120 Jahre Erzherzog-Johann-Hütte. Salzburg, Wien, Großkirchheim, S. 5-27.

Komposch, Ch. (1998): *Leiobunum subalpinum n. sp.,* ein neuer Weberknecht aus den Ostalpen *(Opiliones: Phalangiidae)*. Wissenschaftliche Mitteilungen aus dem Nationalpark Hohe Tauern, 4: 19–40.

Krainer, K.; **Poscher,** G., 1992: Sedimentologische Beobachtungen im Gletschervorfeld der Pasterze (Glocknergruppe, Hohe Tauern). Carinthia II, 182/102, 317–343.

Kröll, H., 2010: Nationalpark Hohe Tauern aus Künstlersicht – Mit Pinsel und Stift von den Quellen der Mur zu den Krimmler Wasserfällen. Verein der Freunde des Nationalparks, Klagenfurt, 250 S.

Lang, H., 1998: Verschwinden die Kärntner Gletscher? – In: Mildner P., Zwander, H. (Hrsg.): Kärnten Natur. Die Vielfalt eines Landes im Süden Österreichs. Naturwissenschaftlicher Verein für Kärnten, Klagenfurt, S. 101–108.

Lang, H.; **Lieb,** G. K., 1993: Die Gletscher Kärntens. – Naturwissenschaftlichen Verein für Kärnten (Hrsg.), Klagenfurt, 184 S.

Lieb, G. K.; **Slupetzky,** H., 2004: Gletscherweg Pasterze. – Naturkundlicher Führer zum Nationalpark Hohe Tauern 2, 2. Aufl., Innsbruck, 122 S.

Lukan, K., 1967: Alpinismus in Bildern. – Verlag Anton Schroll & Co., Wien – München, 191 S.

Mandl, F., 2007: Salms Hütte am Großglockner. Wir wandern auf den Spuren der Vergangenheit. – Berg 2007, Alpenvereinsjahrbuch „Zeitschrift" 131, S. 260–267.

Nicolussi, K.; **Patzelt,** G., 2000(a): Discovery of early-Holocene wood and peat on the forefield of the Pasterze Glacier, Eastern Alps, Austria. The Holocene 10, 191–199.

Nicolussi, K.; **Patzelt,** G., 2000(b): Untersuchungen zur Holozänen Gletscherentwicklung von Pasterze und Gepatschferner (Ostalpen). Zeitschrift für Gletscherkunde und Glazialgeologie 36, 1–87.

Nicolussi, K.; **Patzelt,** G., 2001: Untersuchungen zur holozänen Gletscherentwicklung von Pasterze und Gepatschferner. – Zeitschrift für Gletscherkunde und Glazialgeologie 36, Innsbruck, S. 1–87.

Oesterreichischer Alpenverein (Hrsg.), 1989: Albert-Wirth-Symposium Gamsgrube (Heiligenblut). Tagungsbericht. – Fachbeiträge des Oesterreichischen Alpenvereins, Serie: Alpine Raumordnung 2, Innsbruck, 144 S.

Paar, W. H.; **Günther,** W.; **Höck,** V., 2000: Das Buch vom Tauerngold. – Verlag Anton Pustet, Salzburg. 586 S.

Paschinger, V., 1934: Neue Forschungen an der Pasterze. – Der Bergsteiger 4 (XII), 1933-34, S. 560–562.

Paschinger, V., 1948: Pasterzenstudien. – Carinthia II, XI. Sonderheft, Klagenfurt, 119 S.

Patzelt, G.; **Kofler,** W.; Wahlmüller, B., 1997: Die Entwicklung der Landnutzung im Ötztaler Gebirgsraum der Vorzeit – In: Alpine Vorzeit in Tirol. Begleitheft zur Ausstellung, Innsbruck, S. 58–62.

Pohl, H.-D., 2009: Die Bergnamen der Hohen Tauern. – OeAV-Dokument 6, Innsbruck, 129 S.

Prasicek, G., 2010: Zum Sedimenthaushalt des Sanders im Gletschervorfeld der Pasterze, Hohe Tauern, Österreich, Teil 2 von 2: Denudative Hangprozesse. Unveröffentlichte Diplomarbeit. Institut für Geographie und Regionalforschung. Universität Wien. 149 S.

Pusch, W.; **Baumgartner,** L., 2000: Großglockner. – Bergverlag Rother, München, 128 S.

Rigele, G., 1998: Die Großglockner-Hochalpenstraße. Zur Geschichte eines österreichischen Monuments. – WUV Universitätsverlag, Wien, 460 S.

Schlagintweit, A., H., 1850: Untersuchungen über die Physicalische Geographie der Alpen; in ihren Beziehungen zu den Phänomenen der Gletscher, zur Geologie, Meteorologie und Pflanzengeographie. – Leipzig, 398 S.

Schwenkmeier, W., 2004: Die Taten des Pseirer Josele und ‚Traunius'. Seit 200 Jahren wird der Ortler bestiegen, seit 150 Jahren die Königsspitze. – Berg 2004, Alpenvereinsjahrbuch „Zeitschrift" 128, S. 72–79.

Seeland, F., 1880: Studien am Pasterzengletscher. – Zeitschrift des Deutschen und Oesterreichischen Alpenvereins 11, S. 205–208.

Slupetzky, H., 1993: Holzfunde aus dem Vorfeld der Pasterze. Erste Ergebnisse von 14-C-Datierungen. – In: Zeitschrift f. Gletscherkunde u. Glazialgeologie 26/2, S. 179–187.

Slupetzky, H., **Krisai,** R., **Lieb,** G.K., 1998: Hinweise auf kleinere Gletscherstände der Pasterze (Nationalpark Hohe Tauern, Kärnten) im Postglazial – Ergebnisse von 14C-Datierungen und Pollenanalyse. Wissenschaftliche Mitteilungen aus dem Nationalpark Hohe Tauern 4, 225–240.

Slupetzky, H. (Red.), 2005: Bedrohte Alpengletscher. – Fachbeiträge des Oesterreichischen Alpenvereins, Serie: Alpine Raumordnung 27, Innsbruck, 73 S.

Span, N.; **Fischer,** A.; **Kuhn,** M.; **Massimo,** M.; **Butschek,** M., 2005: Radarmessungen der Eisdicke österreichischer Gletscher, Band I: Messungen 1995 bis 1998. Österreichische Beiträge zur Meteorologie und Geophysik, Heft 33, 146 S.

Starl, T., 2005: Lexikon der Fotografie in Österreich 1839 bis 1945. – Album, Verlag für Photographie, Wien, 581 S.

Tollner, H., 1952: Wetter und Klima im Gebiete des Großglockners. – Carinthia II, 14. Sonderheft, Klagenfurt, 136 S.

Umweltdachverband (Hrsg.), 2006: Auswirkungen der Klima- und Gletscheränderung auf den Alpinismus. – text.um 1/06, Wien, 96 S.

Wagnon, P.; **Vincent,** C.; **Six,** D.; **Francou,** B., 2008: Gletscher. – Primus Verlag, Darmstadt, 152 S.

Wakonigg, H., 1991: Die Nachmessungen an der Pasterze von 1879 bis 1990. – Arbeiten aus dem Institut für Geographie der Universität Graz (Festschrift für H. Paschinger) 30, S. 271–307.

Wakonigg, H.; **Lieb,** G. K., 1996: Die Pasterze und ihre Erforschung im Rahmen der Gletschermessungen. – In: Wissenschaft im Nationalpark Hohe Tauern Kärnten. Kärntner Nationalpark-Schriften 8, Großkirchheim, S. 99–115.

Winnisch, U., 2007: Ausgewählte Rechtsprobleme im Nationalpark Hohe Tauern. – Fachbeiträge des Oesterreichischen Alpenvereins, Serie: Alpine Raumordnung 30, Innsbruck, 106 S.

Zängl, W.; **Hamberger,** S., 2004: Gletscher im Treibhaus. Eine fotografische Zeitreise in die alpine Eiswelt. – Tecklenborg Verlag, Steinfurt, 271 S.

Zuo, Z.; **Oerlemans,** J., 1997: Numerical modelling of the historic front variations and the future behaviour of the Pasterze glacier, Austria, – In: Annals of Glaciology 24, S. 234–241.

Bildnachweis

Cover: Daniel Zupanc; S. 13: GROHAG; S. 16, 17, 19: P.Kirchlechner; S. 18: aus Gletscherweg Pasterze; S. 19: Hydro Power AG; S. 24, 25: Nicolussi; S. 31: aus Paschinger, 1948; S. 32, 33: aus Hacquet, 1784; S. 34: R. Lindner; S. 35: World Picdatabase Gallery; S. 36: Diözesanarchiv Linz (oben), Wikipedia, 5.9.2011 (unten); S. 37: Oberösterreichisches Landesmuseum Linz (oben), Regensburgische Botanische Gesellschaft (unten); S. 40: Aus H. Kröll, 2010; S. 43 (rechts oben): Johann Huber nach Johann Peter Krafft; S. 44: Sammlung Österreichische Galerie Belvedere; S. 45: Residenzgalerie Salzburg; S. 46 (oben), S. 48, 49 (unten), 86, 87: S. Gewolf; S. 50, 51: Ausschnitt (Original: 1:28.800) aus dem die Pasterze beinhaltenden Kartenblatt der „Landesaufnahme des Königreichs Illirien", aufgenommen von Oberstleutnant Czykanek zwischen 1830 und 1835 (Österreichisches Staatsarchiv, Kriegsarchiv); S. 52, 102, 103, 107 (oben), 145: Archiv Nationalpark Hohe Tauern – Kärnten; S. 53, 66: AV-Museum Innsbruck (oben); S.54 (unten): Jahrbuch des DOeAV, 1871; S. 56, 142: Luftbildaufnahme G. Kucher, Bildflug Fischer KG, Klagenfurt (oben); S. 57: Jahrbuch DOeAV, 1913; S. 58: A. Wuerthle & Sohn, Album OeAV Sektion Salzburg; S. 59: M. Hohenwarter; S. 60, S. 96 (oben): Verlag Stengel & Markert S. 61 (unten, Mitte): E. Eggenberger, Graz; S. 62, 65, 80: Landesmuseum Kärnten, Klagenfurt; S. 64: Salzburg Museum; S. 63 (1,2,3): G. Jägermayer/Würthle; S. 63 (unten): C. Jurischek; S. 67, 151 (unten): G. Weyss; S. 68: Alpenvereinskarte der Glocknergruppe; S. 69, 81: Institut für Geographie und Raumforschung, Universität Graz; S. 71: Cosy Verlag; S. 73: H. Etzer; S. 76–78; H. Sauper; S. 83 (oben), 135 (Mitte): P. Hadler; S. 85: LANDSAT™ vom 9.9.2009 (Datengrundlage: USGS Earth Resources Observation and Science (EROS) Center; Bearbeitung: Wolfgang Sulzer, Institut für Geographie und Raumforschung, Graz); S. 88: J. Lüftenegger; S. 91 (oben): W. Wagner; S. 96 (Mitte): Stadtarchiv Salzburg, J. Kettenhuemer; S. 96 (unten): Monopolverlag Innsbruck; S. 114: Kurt Nemeth, Graz; S. 118–121: W. Schöner; S. 126–128: M. Geilhausen, L. Schrott; S. 131; Grafik W. Gruber, H. Slupetzky; S. 132 (oben): M. Avian; S. 136–138: A. Kellerer-Pirklbauer; S. 140 (oben): H. Wakonigg; S. 141: Leicht verändert aus Böhm et.al., 2007 (oben), K. Leitl (unten); S. 148, A. Abigani, Shutterstock; S. 149: H. Moik (oben), W. Kruck, Shutterstock (unten); S. 150 G. Hooijer, Shutterstock; S. 151 (oben): N. Winding.

Alle weiteren Bilder stammen aus dem Fundus der Autoren Gerhard Karl Lieb und Heinz Slupetzky

Das vom Oesterreichischen Alpenverein 2006 errichtete „Glocknertor" am Vorplatz des Glocknerhauses symbolisiert den Zugang zur Pasterze, zum Gletscherweg und zu anderen Bergrouten. Deren Errichtung und Erhaltung versteht sich als Beitrag zur nachhaltigen Entwicklung der Region.

Gletscherauge

Glocknertor